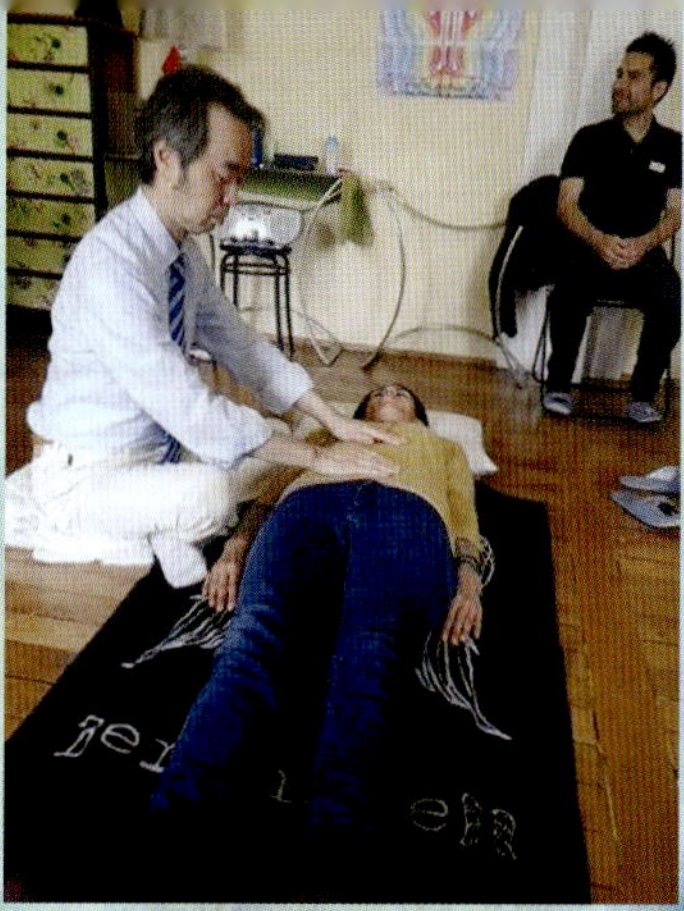

アニカ

いやしの技術

ナチュラルスピリット

▲アニカには『南阿蘇アニカ温泉』という手順があり、「先祖、過去世、ソウルメイトなどルーツの皆さん全員を、情報空間上の巨大な温泉施設にご招待してゆっくり休んでもらおう！」という趣向。上は、そのイメージイラスト

▶扉写真：アニカによる施術。「いやしの技術であるアニカを活用して、心をクリーニングし、自分らしい充実した人生を送ってください！」（著者、左）

２００年前にアニカを構想した私の過去世、フィリップ・マクダウェルに捧ぐ

いやしの技術 アニカ

もくじ

プロローグ　不思議な力―アニカ

人の「心の悩み」が消えてしまう

２０１１年の秋――。私は、ある『瞑想合宿』に参加した直後、「自分に不思議な力が身についている」ことに気づきました。

私が人の身体に触れて瞑想すると、その人の「心の悩み」が消えてしまうのです。しかもその能力が施術を受けたその人にも伝わるようで、少しトレーニングするだけで誰でもが簡単にできるようになっていたのです。

私は、その不思議な力に「アニカ」という名前をつけました。なぜアニカかと名付けたかというと、初期仏教のパーリ語経典にanicca（アニッチャ、「無常」の意）という言葉があり、当時、正式な読み方を知らなかった私は「アニカ」と読んでいたのです。そして、それをそのままヒーリングの名前にして今に至ります。

これまでに数百人に施術を行ってきています。効果は施術直後から現れ、時間が経過するごとに効果がさらに深まる場合もあります。施術の効果が元に戻ることはほとんどありません。

そして、それらの効果は努力なしに持続できます。

日常生活に戻って効果が薄れてきた場合でも、ヴィパッサナー瞑想（注：物事をあるがままに観察する瞑想法）をすることで、即座に施術直後の状態に戻れたという報告もあります。自分の変化を意識できない方もいらっしゃいますが、数週間たってから気づいたり、周囲の人たちからその変化を指摘される場合もあります。

カウンセリングのように自分の問題を話したりする必要はなく、寝ているだけで心の問題が解消できるので、自分の問題を説明したり、知られたくないことも言わなければならないといったストレスは全くありません。しかし、アニカは超能力ではないので、クライアントが話したくない情報を知ることはできません。プライバシーは守られます。

そして、施術を行っているうちに、相手の身体に直接、手を触れなくても効果があることが分かり、今では遠隔でのアニカも行っています。私は熊本県の南阿蘇に住んでいましたが、北海道の方《かた》に遠隔でアニカを行って、十分な効果が得られた事例もあります。

アニカの効果にはもちろん個人差はあるのですが、だいたい次のようなものです。

精神的な効果

心が静かになる、落ち着く、安定する

常にリラックスしている状態になる
外界の刺激に対して、感情的に反応しなくなる
周囲に気を使わなくなる
自分の感情的な反応に気づき、修正できる
怒らなくなる
よく眠れる
自分を責めることがなくなる
自己評価が高くなる
他人の目、他人からの評価が気にならなくなる
わけもなく楽しく、気分が明るい
疲れなくなる
集中力が上がる
できないと思っていた仕事や勉強が、スラスラできるようになる
ものごとに対して別の見方ができるようになる
妄想や余計な思考が減る
人間関係が改善される

慈《いつく》しみの気持ちが強くなる
インナーチャイルドとコミュニケーションがとれるようになる

身体的な効果

姿勢が自然に良くなる
髪がサラサラ、ツヤツヤになる
肌がきれいになる
顔の表情が変わる（顔の筋肉の緊張がとれて、柔らかい印象に）
呼吸が深くなる
猫背が直る
歩きやすくなる
食べる量が減り、痩せられる
食べても太らなくなる

その他

自己ヒーリングができるようになる

自然に、都合のいいことが起こるようになる

人間関係をいやす

アニカを一度受けるとアニカする能力は伝授されます。いやしの技術に関する基本的な知識や個人個人に合った効果的な方法を身につけていただくため、『アニカ・アートオブヒーリング®マスターコース』（以下、アニカマスターコースと表記します）というトレーニングコースを行っています。

そこで、まず最初にアニカマスターコース受講生の女性、Eさんの体験談をご紹介しましょう。

こーいちろーさん、こんにちは。アニカマスターコースではいつもお世話になっています。5カ月間でここまで変わることのできた自分に驚きつつ、今までを振り返ってみました。（著者注：私は皆さんから、こーいちろーさんと呼ばれることが多いのです）

マスターコース初日の私は、さながら水が溢れ出しそうなコップのようでした。孤独、悲しみ、怒り、さびしさ、罪悪感でもういっぱいいっぱいなのに、傷ついた心に

責任感からさらに苦しみを注ぎ続けようとしていた自分を思い出します。この程度の苦しさで苦しいと言っても許されるのだろうか？　まだ頑張りが足りないのではないだろうか？　そう思いながら、こーいちろーさんにアニカをしてもらい、話を聴いていただいた時、初めて私の苦しみを分かってもらえたと感じて、涙が止まりませんでした。

一番の苦しみは私の家族のことでしたが、物心つく頃から同居の姑のことで傷つく母を見続け、母の苦しみを聞き続けた子ども時代はとても苦しいもので、母を守れない自分への失望と、父に対しての強い怒りがありました。加えて思春期を迎える頃になると、４歳年上の姉と父との関係がとても良くなかったので、いつの頃からか私も父に対して素直な気持ちを持てなくなっていたのです。

父と話をすると、いつも最後には傷つけられて終わる、というパターンがあって、そのたびに「あぁやっぱり」と思っていました。自分のことを受け止めて欲しい、どんな自分もありのままを分かって欲しいという切望がありましたが、子どもの頃から父の顔色を見ながら機嫌をとることばかりしてきたので、本当の自分の思いをぶつけることをとても怖く感じていました。

産後鬱《うつ》をきっかけに、家族の中の私の役割や立ち位置を初めて外から眺め、育った環境の現実を目の当たりにした時、自分の存在価値と自己肯定感を失ってしまいました。そうしながらも3人の子どもの子育ては毎日続き、単身赴任の夫を頼ることもできずに孤独感は募るばかりです。

その後、カウンセリングを受けたり自分でも学ぶ中で、子どもの視点ではなく、夫を見る妻（母）の視点で父を見てきたこと、「本当は、私はずっと父が大好きだった」ということに気づきました。でも、思考では理解できても感情がついていかないので、相変わらず苦しんでいました。それが、アニカのおかげで私の本当の思いを感じられるようになったのです。

それと同時に、長年、「どうして家族は私の苦しみが分からないのだろう？」と思ってきたのですが、私がしてきたことは、家族が私に頼んだことではなく、「そうして欲しいのではないか」という私の先回りによっての行動であり、結局、自分自身で苦しくしてきたのだと気づきました。そのことに気づいた時、理解してくれない家族への失望も非難も怒りもなくなり、私の心はやっと解放されたのです。

マスターコースでアニカをしてもらうと、皆さんが私の孤独感や甘え願望を感じてくださって、そのままの私を受容していやしてくれました。マスターコースの日の最後には、私はいつも小さな子どものような気持ちになります。「どんな自分を求められているか」とか、「何を言わなければ（あるいは言っては）いけない」とか考えることもなく、私のままでいられるのは本当に居心地の良いものだと感じます。

ある時、「もう、父に傷つけられることは決してない」と思いましたが、事実その通りで、今では「お父さん大好き！」の思いを常に感じながら、コミュニケーションをとっています。驚いたことに、以前なら絶対にできなかったであろうことですが、父の体調が悪いときなど、しばしば父にアニカをするようになりました。

一作日、アニカの話をしたあとで父にじっくりとアニカをさせてもらいましたが、その時初めて深く感じさせてくれて、父が抱えてきた、苦しみ・孤独・さびしさ・責任感などに涙しました。それは私が持っていたネガティヴ感情と同じであり、私の感じやすさも傷つきやすさも父と同じなのだと、初めて父を理解できたような気がしました。私が理解してもらえないと思っていたように、父もまた家族の中で理解されずに傷ついてきたのだと思います。

いまは、父が長年の苦しみから解き放たれ、身体も健康になることを願っていますし、家族として共に生きられる時間にこのような心になれたことに感謝しています。これからもアニカを学ぶ中で得られるたくさんの気づきを大切にして、自分の心と向き合っていきたいと思います。

親子、兄弟、パートナーとの関係を改善するために、相手に変わってもらう必要はありません。自分の心の中にある、人に対する怖れや罪悪感を取り除けばいいのです。体験談にあるように、ただそれだけで自分の周囲の人たちとの関係が驚くほど改善されます。

心の中の怖れや罪悪感には、生まれてからこれまでの経験の中で生じたものがありますが、人間関係に関するネガティヴな感情は、親、祖父母、兄弟姉妹など家族の関係の中で体験した出来事によるものが多いようです。自分が実際に体験したことではなくても、親と接しているうちに親の心の中にある恐れや罪悪感をコピーして取り入れてしまうことがあり、思い当たるふしもないのに悲しみやさびしさのようなネガティヴな感情を持ったり、不都合な経験を繰り返す場合もあります。

いずれにせよ、ネガティヴな経験を引き寄せるネガティヴな感情の記憶を心から消さない限り、そうした感情を反映した現実を経験し続けます。

アニカはネガティヴな感情を心から消すことができます。しかもコピー元までたどって消すことができます。これが、いやしの技術の根幹をなしています。

本書では、アニカの体験談を織り交ぜながら、人生における不都合な経験を繰り返し引き起こす「潜在意識の仕組み」と、そこから脱して幸せな人生を送るために必要な「潜在意識のクリーニング方法」を説明します。

＊＊＊

また、「心は個人の脳の機能である」という西洋的な物心二元論から離れて、「心とは縁ある人たちが共有する意識の場であり、私たちが現実に経験することは、その目に見えない意識の場の反映である」という考えを示します。

ぜひ、この「いやしの技術」であるアニカを活用して、心をクリーニングし、自分らしい充実した人生を送ってください！

第1章

＊

なぜ私たちは、「不都合」を経験するのか？

「不都合」の原因

私たちは人生の中でさまざまな「不都合」を経験しています。病気、けが、事故、家族関係の不和、恋愛・結婚に関する苦しみ、仕事での失敗、お金の問題など、人生の中で経験する不都合を上げればきりがありません。

私たちは好き好んで、こうした不都合を経験しているわけではありません。そのような苦しみを避けるためにさまざまな努力をしているのです。私たちは理性的に考える能力を持っているのですから、誰でも感情を抑えて、冷静になって正しい判断をするために、よく考え、慎重に行動するようにしているはずです。

もちろん、問題をひとつひとつ乗り越えることによって私たちは経験を積んでいきます。それが人間の成長につながることは間違いありません。しかし時には、人生の中で同じ問題が繰り返し目の前に現れたり、その問題が何十年も続いたりしていることもあるでしょう。いつまでたっても家族の問題が解決しない、いつまでたってもお金の問題が解決しない、そういう経験をされている方も少なくないと思います。

ひょっとすると、私たちが経験する不都合は、外部世界の環境や私たち以外の誰かのせいかもしれません。たとえば、お金の問題が解決しないのは不景気のせいかもしれません。家族の問題が解決しないのは、お父さん、お母さん、祖父母、兄弟姉妹、親戚のせいかもしれません。私たちはそうした外部環境や周囲にいる人たちの犠牲者なのかもしれません。

しかし、もしそうであるならば、私たちの状況は絶望的ともいえるのではないでしょうか？　私たちに不景気を変えることができるでしょうか？　家族の誰か、あるいは全員に態度を変えてもらうことができるでしょうか？　それは難しいように思えます。

どうやら私たちができることは、環境や自分以外の誰かを変えることではないようです。もし私たちがこの世界で変えられるものがあるとしたら、それは自分以外にはないでしょう。たとえ私たちが環境や他の誰かの犠牲者であったとしても、環境や他人を変えることができないのであれば、私たちは自分を変えるしかありません。

しかし、それもまた非常に険しい道であるように思えます。なぜでしょう？

「私」を変えるとは？

私たちが経験している不都合をなくすには自分自身を変えるしかない。そこまでは分かりました。しかしそもそも、「私」とは何でしょう？　いったい「私」の何を変えたらいいのでしょう？

ちょっと考えてみてください。あなたはいったいどんな人ですか？

私の名前は～です。
私は～歳です。
私は～に住んでいます。
私の親は～と～です。
私は結婚しています（orしていません）。
私には子どもが～人います（orいません）。
私の仕事は～です。
私の年収は～です。
私の趣味は～です。

私の血液型は～型です。
私は～というような性格です。

もし、あなたを言葉で表現するとしたらこのようになるでしょう。では、この中のいくつかを変えたら、あなたの目の前から不都合はなくなるでしょうか？

なくなるかもしれませんね。お金の問題があるなら、年収が3倍ぐらいになるように努力してみてはどうでしょう？　夫婦仲が悪かったら離婚すればいいのですし、職場の人間関係が悪いのなら転職すべきかもしれません。名前が悪いのかもしれませんから、姓名判断でもっといい名前に変えてしまえばいいのかも……。

しかし、それで本当に不都合がなくなるのかというと、残念ながらなくなりそうもありません。むしろ、もっと不都合なことが増えることもあるのではないでしょうか。運がよければ不都合はなくなるし、運が悪ければ不都合は増える、そんな運まかせのやり方では根本的な解決にはなりません。

どうやら、こうした自分の「言葉で表現できる部分」を変えることで不都合をなくすことはできないようです。では、あなたの中の「言葉で表現できない部分」とは何でしょう？　それはあなたの目には見えない「あなた」、あなたが日常的な意識では感じとることのできない

「あなた」です。

顕在意識と潜在意識

「顕在意識」と「潜在意識」という言葉を聞いたことがあるかもしれません。顕在意識とは日常的な意識であり、潜在意識とはあなたが理性でコントロールできない心の見えない部分のことです。不都合が起きないようにあなたを変えるには、心の見えない部分である潜在意識の中身を変えなければなりません。

たとえば、感情はコントロールが効きません。怒りだしたら簡単にはおさまらなかったり、一度落ち込んでしまうとなかなか立ち直れなかったり、というようなことは誰にでも経験のあることです。いくら頭でそんなことをしても意味がないと分かっていても、感情をなくすことはできません。それは、感情が「潜在意識に根ざしている」ことを意味します。もし感情が理性で完全にコントロールできるのであれば、感情は顕在意識の統制下にあるといえるでしょうが、そういうわけにはいきません。

私たちの不都合をなくすには、この潜在意識に潜んでいる私たちが気づいていない感情をどうにかしなければなりません。本当に自分を変えるには「自分が知らない自分」を変える必要があるのです。

では、潜在意識の中に私たちの不都合の原因があるとして、それはいったいどのようなものでしょう？

たとえば、楽しい気持ちや嬉しい気持ちになることには抵抗はないので、誰でもそうしたポジティヴな感情は素直に感じることができます。しかし仕事で失敗したり、家族から嫌なことをされたり、恋人と別れたり、というような苦しみを伴う出来事が起こった場合はどうでしょうか？　怒りや悲しみのような強い感情に身体全体を乗っ取られたような状態になって、他のことが全く手につかなくなるかもしれません。

そうしたネガティヴな感情は、普通は時間が経つと共に消えていきます。しかしあまりにもショッキングな出来事が起こった場合や、嫌な状況があまりにも長く続きすぎた場合、人は心に生じたあまりにも大きな感情を感じることに耐え切れなくなります。そして、その感情を拒否します。そんな感情はなかったことにするのです。そうした、感じることを拒否された感情が潜在意識に潜り込むのです。

潜在意識に移動した感情は拒否されたのですから、もはやその感情を受け取ることはできません。しかし、その感情はなくなったわけではないので、心の奥底にずっと存在し続けて、その出来事が起こってから何十年間も人生に大きな影響を与え続ける場合があります。

たとえば、アニカを受けたある女性、Aさんは6歳の時にお父さんが病気で亡くなられました。しかし、そのことを受け入れることができず、お父さんの死に対して悲しいという感情を封印してしまい、お葬式の時にも泣けなかったそうです。

Aさんは、その出来事が何十年も経った現在でも、「何をやっていいか分からない」、「何をやるにも無気力な状態である」など、自分の精神面に強く影響している気がするとおっしゃっていました。

アニカが終わったあとで、お父さんをきちんと見送れなかった罪悪感があるのではないかということに気づき、納得されたようですが、その時は特に悲しいという感情が出てくることはなかったのです。しかし、その夜、眠りにつく前に何十年も蓋(ふた)をしていた感情が解放されたのです。

寝ようとしたら、急に泣けてきて、出てきた言葉です。「お父さん死なないで！　目を開けて！　死んじゃいや！」。子どもがだだをこねる感じで、手足をバタバタさせて、大泣き状態でした。ただし娘が横で寝ていたので、声を押し殺して泣きました。

そして、ふと感じました。私は、遺体となったお父さんの布団で一緒に寝たかったんだ、と。イメージの中で、小さいころの私はお父さんの横に潜り込みました。そうしたら、父は肩ひじを突き、笑顔で私の肩を指でトントンしてくれて、今の私は笑顔で、その光景を見ていました。父と幼い私は、そのままきれいな光に包まれて遠くに行きました。

今でも涙がポロポロ出ます。でも、気持ちはすっきりです。目は腫れてますが……。

その後、大きな感情の荷物を降ろしたAさんは、生きることが楽になったと言います。

このように潜在意識に潜った、感じることを拒否された感情が、私たちの行動を強く制限していることがあります。

感情の記憶が心にブレーキを

感情には楽しい、嬉しいなどのポジティヴな感情と、怒り、悲しみなどのネガティヴな感情があります。ポジティヴな感情はいくらあってもかまいませんが、あまりにも強いネガティヴな感情が持続すると、その感情が不都合な経験を引き寄せる場合があります。なぜなら、そうした強い感情は信念と結びついていることが多いからです。

たとえば、頭だけでいくら「私は有能だ」と思い込もうとしても、潜在意識のレベルで「私は無能だ」と信じている場合は潜在意識が優勢になります。

オリンピック選手や企業の経営者の能力を引き出すコーチングでよく使われるアファメーション（肯定的な宣言）は、ポジティヴな言葉を使って、ポジティヴな感情を呼び起こし、信念を修正しようとしますが、それには労力と時間がかかります。

私は、「信念と結びついた感情の記憶を消してしまう方が早いのではないか」と考えており、アニカはそうした方法をとっています。

ネガティヴな感情を消してしまえば、ネガティヴな信念はただの言葉にすぎなくなります。そんなことになぜ悩んでいたのか分からなくなります。トラウマ的な出来事が原因で潜在意識に残っているネガティヴな信念からネガティヴな感情を取り除いてしまえば、ネガティヴな信念は無力化できるのです。

アファメーションを車のアクセルと考えると、ネガティヴな感情の記憶はブレーキに例えられるかもしれません。いくら顕在意識でアクセルを踏み込もうとも、潜在意識がブレーキをかけている状態では前に進めません。前に進むためには、心の中に罪悪感や怖れなどのネガティヴな感情があることに気づき、取り除く必要があります。

次に紹介するのは、アニカマスターコースを受講した女性、Sさんの体験談です。

今回初めて、「子どもを愛せない自分」がいることに気づきました。これまで自分がそんなふうに子どもに対して思ってるなんて、全く考えたこともありませんでした。しかし、子どもに甘えられるのがいやで、すぐに怒りが表に出てくる自分が確かにいました。さらに、甘えてほしくない、甘えられると怒りを感じるという感情は、私のものではなかったということに衝撃を受けました。

コース中に出てきたのは、祖父と、祖父の母（曾祖母）です。祖父は、養子に出されたことで母に捨てられたと思い込み、ずっと恨んでいたそうです。祖父の母だって事情があってそうしたようなので、きっと苦しかったことでしょう。祖父は母（曾祖母）に甘えることができなかっただろうし、曾祖母も子どもたちを存分に甘えさせてあげられなくて、その罪悪感や怒りが何世代も伝わって、私のところにやってきたようです。その感情を今回、アニカで感じたことで、私もようやく子どもをきちんと愛することができるようになりました。

今までは子どもに甘えられるのがいやで、すぐに怒りが表に出てきていたのですが、昨晩帰ってからは、子どもがかわいくてかわいくて仕方がなくなり、一緒にベッタリとくっついて眠りました。

この報告の1カ月後、Sさんに子どもへの感情に変化がないか聞いてみたところ、「相変わらず甘えられてもかわいい」ということでした。潜在意識から取り除かれた感情の記憶は、もう戻ってくることはありません。

私たちは親の世界観を継承している

私たちが、感情の記憶を持つにいたる原因は二つあります。

ひとつは、自分が生まれてから現在までに何らかの経験をした結果、その経験に反応する感情が生まれて、記憶に残った場合。

もうひとつは、周囲の人間の感情を自分のものと勘違いして、コピーしてしまった場合です。

後者の場合のコピー元の代表は家族、特に親です。

子どもたちが最初に接する異性は多くの場合、父親または母親ですし、父と母の関係からも子どもたちは多くのことを学びます。男性は女性に対してどのような態度をとるか、女性は男性に対してどのように？　そこから、子どもたちは多くのことを学びます。

子どもたちは大人の背中を見て育つと言います。たとえば、親が実はやりたくない仕事を続けていて苦しんでいる姿を見ていると、無意識のうちに、「仕事とは、やりたくもないことを無理にやらなければならない苦しいもの」であることを学びます。

両親がお金の問題で争っている姿を見ると、「お金というのは、家族の争いを引き起こす面倒なもの」ということを学びます。

もちろん、ポジティヴな学びもあります。親が仕事に誇りを持っている姿を見ると、子どもたちは「仕事をすることは誇らしいことだ」と学び、両親が仲良くしている姿を見ると、「男性と女性は仲良くするものだ」ということを学ぶでしょう。

時には、親の姿を見て反発することもあるでしょう。しかし、いくら頭で反発しても親の信念体系は潜在意識に深く刷り込まれていきます。その信念体系の「本当らしさ」は、目の前で生きている親の感情をリアルに感じることよって強化されます。つまり、子どもにとってのの「本当らしさ」は親の感情のリアリティからつくられているのです。映画を見て感動するのと何ら変わりありません。しかし、映画は作り物だと分かっているので、いくらリアリティがあっても本当のこととは誰も思いません。それとは逆に、現実世界の中で生身の親が生きている姿は、強い現実感を伴って子どもの心に残るのです。

私たちは親が創りだした世界を継承して生きているといえます。それは、私たちが過去の世界に縛られていることを意味します。

その過去の世界の中に、「人生には不都合がつきものである」という信念があるからこそ、私たちは人生において不都合を経験してしまうのです。

感情の記憶は世代を超えて

私たちが親から継承した心の世界の中に、「人生には不都合はつきものである」という信念が本当にあるでしょうか？　私は「ある！」と確信しています。

私たちより上の世代にさかのぼればさかのぼるほど、衣食住など人間としての基本的な欲求さえ十分に満たされなかったことが多かったでしょう。治すことのできない病気も多く、戦争に巻き込まれ、強制的に働かされ、食べ物がなくて飢え、寒さにこごえ……安心して眠ることさえできなかったかもしれません。そうした何世代にもわたる経験から生じた感情の記憶が、親から子へと受け継がれているのです。

私たちは、幼少期に親と一緒に生活することで、親の「世界とはこういうものである」という世界観を無意識のうちに潜在意識にコピーしています。さらに、親より前の世代の感情の記憶ともつながって、さまざまな影響を受けている可能性があります。先祖代々にわたって、信念体系の継承をしているといってもいいでしょう。

もちろん、私たちは親やそれ以前の過去に生きた人たちとは異なる時代を生きているのですから、それぞれの時代特有の価値観や新しい考え方を取り入れていることもあるでしょう。しかし、人間関係の問題やお金の問題など、時代にかかわらず人間がいつも直面する問題に関しては、親やそれ以前の世代からの影響は非常に大きいと言わざるをえません。もし上の世代から恨み、罪悪感、怖れ、怒り、苦しみなどのネガティヴな感情記憶を受け継いでしまったら、その感情記憶が原因となって、いま生きている私たちが不都合な経験を繰り返し体験することもあるのです。

もし、母親の潜在意識の中に男性に対する強い怒りがあれば、その怒りは娘の潜在意識にコピーされます。娘は男性に対して怒りを感じるような経験を繰り返します。わざわざ、自分に怒りを覚えさせるような男性をパートナーに選ぶことさえあります。

なぜ、母親の潜在意識の中にそのような怒りが生じたかというと、祖母（母親の母）の潜在意識に男性に対する怒りがあり、その怒りをコピーしたケースが少なくありません。母親と娘のつながりは非常に強いので、娘が自分の感情だと思っていたものが、実は母親の感情だったということはよくあることです。しかしその感情は潜在意識にあるので、その感情が自分のものではないことに気づくのは難しいのです。

逆に、「女性はこうあるべき」という社会の要求に応えられないという罪悪感が強ければ、怒りは自分自身に向けられ、「自分には価値がない」という無価値観が生じます。そうした罪悪感も、親子関係を通じて代々継承されている可能性があります。

では、どうしたら潜在意識に残っているネガティヴな感情の記憶を取り除くことができるのでしょう？　それには、まず潜在意識に隠されている感情に気づく必要があります。結局、潜在意識の中にどのようなものがあるかが見えないのでは取り除けません。

心の中にある「気づけなかった感情」に気づくことは、「自分の知らない自分」に出会うことでもあります。スピリチュアルな世界での昔からのテーマである「自分を知る」、「本当の自分に出会う」とは、実はこのことを指しています。

全身が温かくポカポカに

「全身が温かくなる」、「お腹がグルグル鳴りだす」というのは、アニカを受けた方からよく言われることです。お腹が鳴るというのは副交感神経が優位になっていると思われますが、要するにリラックスしているということですね。

施術側からすると、お腹にはいろいろな緊張が感じられることが多いのです。皆さん、お腹、胸、喉がつまっている感じが多いのですが、その感覚をていねいに感じていると、少しずつゆるんできて、その時にお腹が鳴ったりします。

アニカをしている時に思わず泣いたり笑ったり、さまざまな感情が出てくることがあります。私自身もアニカをしてもらった時に、お腹の底から淋しさや悲しみの感情が湧いてきて、泣いてしまったことがありますが、その時に持った感情は、何となく小学校の時のものだったことが自分でも分かりました。そんな昔の感情がどこかに残っていて、アニカをすることによって感じられ、そして消えていくようです。

対面アニカを受けた20代の女性、Mさんの体験談をご紹介したいと思います。

…

アニカをしている間は、全身が温かくてポカポカしていました。なぜか笑いだしそ

…

うになったり、足がぐっと重く感じたり、前頭部のモヤモヤがスッキリしていくのが分かったり、お腹がグルグルずっと動いていたり……。一番ビックリしたのが髪に手を当ててもらっている時！　髪しか触れていないのに、頭皮がジワーっとほぐされていくんです。そのへんのヘッドスパより気持ち良かったです‼

手を当てるだけなのに、身体や心の気になっていたことを見つけてくれて、それをすぐいやしてくれているというか……。今まで、催眠療法でも今回と同じことを言われたことがあるのですが、その時は、ブロックが固いと言われて先に進めなかったんです。それを難なく笑顔でいやしてくれて‼（笑）すごいです。

ヒーリング後はビックリするほど、顔つきが変わりました。今までキツい顔してたな～ってしみじみ。あと、髪もウルウルになりました！　普段から洗い方も気をつけて、オーガニックな物のみでケアしたりと、頭皮や髪には気を使っている方だと思っていたのですが、さらにウルウルになりました‼　表面だけでなく、中まで潤うというか……。

あとは、足の裏がしっかり地面に触れている感じが驚きでした。今まで違和感があったわけではないのですが、9年ほどずっと立ち仕事をしていて、だんだんと体重のかかる場所が変わってきてしまっていたようです。

アニカを受けることで、髪や肌の状態が良くなったということも時々言われます。これは私の観察なのですが、髪は頭のすぐそばにあるので思考や感情が溜まっているような感じがします。失恋すると髪を切りたくなるのは、髪にネガティヴな感情が溜まっているからかもしれません。お坊さんが頭を剃ってしまうのも同じような理由かもしれません。

アニカ後に表情が柔らかくなることも多いようです。皆さん、頭で考えたり悩んだりしていることが多いので、どうしても、おでこのあたりが常に緊張しています。そこがゆるむと、目の周りの表情がとても柔らかく、やさしい印象になります。

足の裏がしっかり地面に触れているというのは、姿勢が変わってしまったことを意味します。長い間かけて身体についてしまった癖がとれて、自然に立ったり歩いたりできるようになったのでしょう。

Mさんの話の中で、「身体や心の気になっていたことを見つけてくれて、それをすぐいやしてくれているというか……」とありますが、私の感覚では身体と心は分けることができない、ひとつのもののように感じられます。とりあえず、ひとつのものを別々の側面から見ているだけで、身体と心は実は同じものなのではないでしょうか。

アニカの施術を続けていると、身体も含めた現実の物理的な世界が、目に見えない情報の世界の反映として成り立っていることがよく分かってきます。考えてみれば、思考や感情は目に見えませんが、確かに存在します。怒ると血圧が上がり、呼吸も速くなるのですから、思考や感情が身体に反映するのは当然のことです。よく、「病は気から」と言われますが、目に見えない思考や感情が身体を健康にしたり病気にしたりする仕組みが、これからますます解明されていくのではないでしょうか。

対面アニカの手順

❶インタビュー

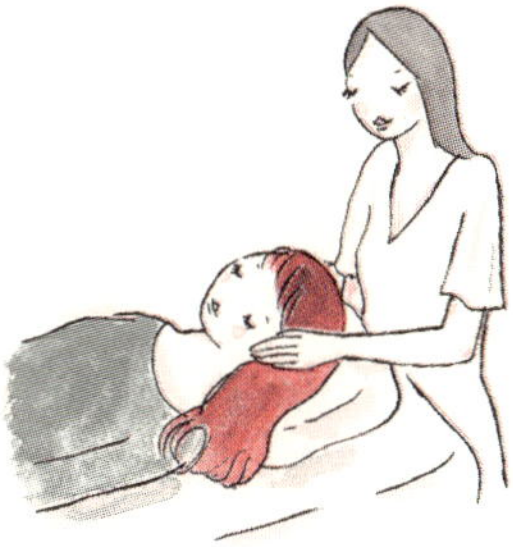

❷18ポジションへのアニカ施術

❸シェア

心を眺める

次に、遠隔アニカの体験談をご紹介します。お子さんのいらっしゃる40代の主婦、Jさんのお話しです。

昨日のワタシは、部屋が散らかっているにもかかわらず、ずーっと上機嫌でした！いつもなら、自分ひとりで片付けるのがつらくて、子どもたちに八つ当たりしてしまうのに……。夜にコーヒーを2杯も飲んだのに、布団に入ってからの10分の記憶もありません。しかも、朝はすっきり起きることができました！　すごく気分がいいんですけど、それも、アニカの効果なのでしょうか？

あんなに機嫌よく私が片付けをしてるところを、子どもたちは見たことがないかもしれません（笑）。いつも頭がパニックになって、どこから片付けてよいやら分からず、（私は）周りに当たり散らしてましたから……。

私はほぼ毎日、お昼頃から夕方にかけて胸に苦しみが来るのです。今までは苦しいばかりでつらかったんですけど（だいたい、そこで一度お薬を飲みます）、ちょっと以前と違うのが、「あー、いま、私苦しいなあ〜」、「つらいよな、今……」と苦しさを客観視している自分がいます。何だかよく分からない感覚ですが、苦しさにばかり頭が行くより気持ちが楽です。気がついたのですが、実は私を一番苦しめていたのは〝焦り〟だったのです。今の自分じゃダメだ、と焦る。何もしたくないのに何かやらなきゃ、と焦る。

それが、今はとても気持ちが穏やかで、ゆっくり休めるんです。歩き方もとてもゆっくりになり、道端の草花なんかに目が行ったりします。

とにかく楽なんです。本を読んで付いた知識だけでは、決して得られなかった感覚です。

つらかったり苦しかったりするのは、「つらい」、「苦しい」という体感と自分が一体になってしまっているからです。しかし、アニカ後はその体感を距離を置いて眺められるようになります。「つらい」、「苦しい」という気持ちを客観的に見ることができるようになると、いつまでもその感情にとらわれることがなくなり、気持ちの切り替えが楽にできるようになるのです。

苦しさと一体化するのではなく、苦しさを客観視する観点、それは自我を観察する瞑想の観点でもあります。瞑想では、自分がいま何を感じているか、何を考えているかを観察していきます。そうした自我を観察する瞑想を続けていくと、少しずつ自分の心の動きを客観的に見る観点が確立されていきます。

そういった観点は無意識のうちに確立されるようで、日常生活の中で常に自分の心に気を配っていなくても、自分がいま何を感じ、何を考えているのかに自然と気づけるようになります。24時間働き続けるモニターシステムが、心にインストールされたような状態ともいえるでしょう。

それは瞑想がかなり進んだ状態なのですが、アニカはそういった状態をクライアントの心にコピーできるようです。アニカセラピストがアニカをしながら深い瞑想をすると、クライアントの意識がその状態に同調し、クライアントの心の中に瞑想の観点が確立され、アニカが終わったあとでも、その観点を引き続き利用できるのではないかと考えています。

このように言葉を使わずに技術を教えるやり方は、日本の茶道や華道、書道、武道といった伝統的な文化の中に多く残されています。もちろん教える時に言葉も使いますが、師匠の立ち居振る舞いを見てまねすることにより、早く正確に技術を学ぶことができます。

Jさんの話の中に、「実は私を一番苦しめていたのは〝焦り〟だったのです」とありますが、これも瞑想の観点からの気づきです。本当に焦っている最中に「自分が焦っている」と気づくことはなかなかできません。自分が焦っている状態を客観的に観察することができたので、「あぁ、自分は焦っているのだ」と気づくことができるのです。気づくことができれば、その時点で焦ることを続けるかやめるか、自分で選択できます。

＊＊＊

人間関係の問題やお金の問題など、時代にかかわらず人間がいつも直面する問題に関しては、親やそれ以前の世代からの影響は非常に大きいと言わざるをえません。もし上の世代から恨み、罪悪感、怖れ、怒り、苦しみなどのネガティヴな感情記憶を受け継いでしまったら、その感情記憶が原因となって、いま生きている私たちが不都合な経験を繰り返し体験することもあるのです。

第2章

「私」を知るための瞑想

もう一人の「私」

本章では、本当の自分を知るために有効な瞑想法について取り上げます。

瞑想の目的は自分を知ることです。では、「私」とはいったい何でしょう？

「私」には名前があります。ある国の国民で、住所があり、家族がいます。学歴があり、職歴があり、年収はいくらかです。こういう家に住んでいて、身長、体重はこれくらいで、このような性格をしています。

このように「私」に関するさまざまな情報を列挙することはできますが、それで本当に、「私」を言い尽くしたことになるでしょうか？　いくら言葉で自分を表現しても、何かもっと重要なことを言い逃しているような感覚がないでしょうか？

こうした情報はある意味、言語や数値で表現できる明示的な「私」を指しています。しかし、私たちは言葉で言い尽くすことができない存在でもあります。つまり、私たちは言葉を超えた存在なのです。その証拠に私たちが毎瞬、感じている「生きている」という実感は、いくら言葉を尽くしても言い表すことができません。

また私たちは、自分自身の中に自分では把握できない、得体の知れない自分がいることを感じることがあるかもしれません。自分にはこうしたいという希望があるのに、実際にはそれに反する行動をとってしまったり、やりたいことをやるのに恐れや罪悪感が湧き上がってきたりします。これがもう一人の自分、暗黙的な「私」です。

瞑想で自分を知るというのは、この暗黙的な「私」を知ることともいえます。自分がやりたいことを素直にできないのは、暗黙的な「私」が拒んでいるからかもしれません。自分自身なのに自分のやりたいことを邪魔するのはどういうことだ⁉　と思うかもしれませんが、それにはその人なりの理由があるのです。

その理由を理解して、もうひとりの自分である暗黙的な「私」をよく知り、自分の知らない自分と仲良くするのが瞑想の究極の目的であるとも言えます。

もうひとつの瞑想の目的は、ありのままに物事を見る観点を養うことです。私たちの観点は、常に主観的でひとりよがりです。私たちのものの見方には、思い込みや価値判断がたくさんつまっています。

瞑想を続けていくと、自分のありのままの姿に気づけるようになります。周囲の人たちを非難する前に、非難したい気持ちを創り出している、自分の心の中の原因に気づけるようになります。

脳機能の限界により、顕在意識は現実の百万分の一しか認識できないといわれています。私たちが経験する百万分の一の現実は、私たちの信念体系という思い込みのフィルターを通ってきたものだけです。ネガティヴな経験をしているならば、信念体系の中に必ずネガティヴな信念と感情があるはずです。それらを取り除くには、まず自分のものの見方の偏《かたよ》り、歪みに気づく必要があります。それには自分が無意識のうちに何を考え、どのような感情を感じているのか、よく見定める必要があります。そのために瞑想を行うのです。

集中と観察

瞑想には大きく分けて、「集中の瞑想」と「観察の瞑想」があります。初期仏教（注：ブッダの死後にまとめられたパーリ語経典にもとづく仏教）では、集中の瞑想をサマタ瞑想、観察の瞑想をヴィパッサナー瞑想といいます。ブッダはサマタ瞑想の達人でしたが、サマタ瞑想だけでは悟りをひらくことができないと判断して、観察の瞑想であるヴィパッサナー瞑想を自ら開発し、悟りをひらいたといわれています。

サマタとは「心が落ち着く」という意味です。ヴィパッサナー瞑想の前段階として、心を落ち着かせ、集中力を高めることを目的に行います。

これに対して、ヴィパッサナーとは「明確に観察する」という意味です。何を観察するかというと、自我を観察します。自我というのは、自分が考えたこと、感じたことのすべてです。さらに、その思考や感情の源である潜在意識という巨大なシステムも含みます。ヴィパッサナー瞑想では身体の感覚を感じながら、その時に湧き上がってくる思考や感情を観察することにより、その裏側にある潜在意識の中身を整理し、不要なものを手放す作業を行います。

人は普段、自分が考えていることや感じていることをほとんど意識していません。思考が次から次へと勝手に湧き上がってきて、周囲で起きた出来事がきっかけで、いつのまにかイライラしたり怒ったりしています。

ヴィパッサナー瞑想が目指すところは、こうした無意識のうちに行われている自分の心の動きのひとつひとつに気づくことです。もし自分が考えていること、感じていることにリアルタイムで気づくことができたら、自分のためにならない不要な思考や感情を続けるかやめるか、その場で選択できます。

たとえば、私の場合、歩き瞑想を1日1時間、1週間ほど続けただけで怒ることがなくなりました。自分が怒った瞬間に気づけるようになったので、そこで怒り続けるかやめるかを選択することができるようになったのです。しかも、常に自分の感情に注意していなければならないわけではなく、まるで感情の24時間モニターシステムが心にインストールされたように、特に注意をはらわなくても、自分の心の動きに自動的に気づくことができるようになったのです。観察の瞑想を続けていると、まるで澱《よど》んだ沼のように底が見えなかった心が、だんだんと澄んできて、自分が本当は何を考えているのか、どのような感情が潜在意識の奥にあるのかが見えてきます。

社会から刷り込まれた無数の信念により、自分が自分自身にどのような制限を課してきたのか理解できます。さまざまな気づきを得られるようになるので、直感が鋭くなり、トラブルに巻き込まれることが少なくなり、日常生活がスムーズに進むようになります。

「思い込み」と「気づき」

ひとことで言えば、瞑想とは「感じる」ことです。

私たちには五感があって、身体の外側で起こっていることを感じ取り、脳内で再構成することにより世界を体験しています。私たちはこのほかに頭の中で考えたり、心の中でさまざまな感情が湧き上がってくるのを感じることもしています。これもまた自分が体験していることですから、頭や心の中の出来事もすべて世界の一部であるといえるでしょう。

これら自分の外側、内側で起こることすべてを余すところなく感じることが、瞑想の本質です。

なぜ、瞑想をする必要があるのかというと、私たちは世界で実際に何が起こっているかを感じる前に、「世界はこのようなものだ」という自分勝手な思い込みで世界を創りあげて、経験しているからです。そのような「思い込み」に気づくことにより、世界をありのままに感じることが瞑想の目的です。そうした「気づき」こそ、瞑想の成果です。

「気づき」とは、潜在意識の変化にほかなりません。「これから気づこう」と意図して気づけるわけではありません。潜在意識に気づかせる必要があるのです。それには自分が今、ここで実際に何を感じ、何を考えているかをとらえる必要があります。

私たちが気づくべきなのは、心の中から自動的に湧き上がってくる思考や感情です。たとえば、過去に誰かから苦しめられた経験を思い出して、その人に対する怒りが湧き上がり、今度会ったらどんな復讐をしてやろうかと、想像するようなことはよくあることです。また、これから起こる出来事に対して不安や心配が止まらなくなって、夜、眠れなくなることもあるでしょう。

そうした、自動的に湧き上がり、感情を伴なって物語のように展開していく思考を、妄想といいます。妄想は、過去や未来に対して現実感を持って感じられる「思い込み」です。思い込みは、私たちがあるがままに世界を見る邪魔をしています。

「私は被害者だ」というフィルターで世界を見れば、その信念を証明するような出来事が次から次と起こります。逆に、「私は幸せだ」というフィルターで世界を見れば、その信念を証明するような出来事が次から次へと起こるでしょう。

観察の瞑想の目的は、過去の体験によって創りあげられたフィルターを外して、できるだけあるがままに物事を認識することです。そのためにも瞑想を行って、今、自分が何を考え、何を感じているかを意識する必要があるのです。

「悪い考え」から抜け出すために

観察の瞑想を続けていると、いかに自分がさまざまなことを考え、ネガティヴな感情を引き起こし、勝手に怒ったり、悔しがったり、イライラしたりしているかが分かるようになります。

考えること自体は決して悪いことではありません。しかし、たとえば他人との関係について心配ごとがある時、良い方向に考えられればいいのですが、私たちはどうしても悪い方へ悪い方へと考えがちです。

「あの人は、いったいどういうつもりでこんなことをしたのだろう?」、「私がこんなに苦しんでいるのに、何でこんなことが分からないのだろう?」というように想像はいくらでも広がっていき、怒りの感情が抑えきれなくなることもあるでしょう。実際に会って話をしてみると、何のことはない、誤解だと分かることも多いのですが、ひとりで考えこんでしまうと、どうしてもこのような悪い方向に考えを進めてしまいがちです。

また、心配することは今の現状やこれからについての考えですが、考えているうちにいつのまにか「あの時にああすればよかった」、「あんなことはしなければよかった」という過去への後悔にすり変わってしまうことも少なくありません。これから悪くなることを想像し、その原因となる過去のことも悔やむのでは逃げ場がありません。気持ちを切り替えて良い方向に考えることが必要なのですが、なかなかそれができません。

こんなことがどうして起こるのかというと、自分が考えていることや感じていることを客観的に見ることができないからです。心が悪い考えにハマってしまって、なかなか抜け出せないでいると言ってもいいかもしれません。そんな時に、瞑想が役に立ちます。

観察の瞑想でトレーニングするのは、自分の心で今、この瞬間に起こっていることを客観的に見る力です。自分の思考や感情を観察する瞑想を続けていると、だんだんとこの観点が確立されてきます。そしてそのうちに、自分の心に常に注意を向けていなくても、思考なり感情なりが、自分の心に湧き上がってきた瞬間に気づくことができるようになります。

もし、自分が悪い方向へ考えようとしていることに気づくことができれば、そこで続けるか、やめるかの選択ができるようになります。もし悪い想像にひたって気分が悪くなるのが嫌だったら、そこで考えをやめて、別のもっと楽しいことを想像するように自分の気持ちを切り替えることができます。

「放っておく」

観察の瞑想中に、自動的に湧き上がってくる思考や感情に気づいたら、確認して、放っておきます。この「放っておく」ことがおそらく瞑想で一番難しいことでしょう。

子どもの頃に自転車に乗っていて、障害物の方に行ってはいけないと思えば思うほど、その障害物に向かっていってしまう経験をされた方も多いと思います。

それと同じように、心配や不安などの刺激の強い想像には注意が向きやすくなります。そこから注意をそらせばいいのですが、なかなかそれができません。人間の思考には限界がありません。心配や不安に注意を向けると、まるで顕微鏡で覗いているようにいくらでも拡大することができます。

そんなわけで私たちは、日頃、心に浮かんでくるさまざまな考えや感情に、ついつい翻弄されてしまいます。だからこそ否定的な考えにとらわれる前に、その考えを放っておく必要があるのです。

放っておくというのは、拒否することとは違います。ある考えを肯定的にとらえても否定的にとらえても、考える対象は同じです。その考えが心からなくなることはありません。そうではなく、ただその考えを放っておいて、別なことに注意を向けるのです。観察の瞑想では、それが身体の感覚を感じることに当たります。すると、考えはまるで雲が流れるように消えていきます。

私たちの思考や感情は、注意を向けると拡大していきます。思考や感情から注意をそらして、身体の感覚に集中することにより、湧き上がってきた思考や感情は自然に消えていくようになります。瞑想でそうしたトレーニングを続けていると、少しずつ自分の思考や感情にとらわれない観点ができてきます。

瞑想する以前は思考や感情に心を乗っ取られていたのに、瞑想を続けるうちに思考や感情を客観的に見て、そこから注意をそらすことが簡単にできるようになります。自分は今、こんなことを考えているんだと気づいた時点で、もうその考えに心を乗っ取られることはありません。あとは、その考えから注意をそらせば自然に消えていくだけです。

ある意味、思考や感情は天気のようなものです。雨が降っている時にいくら雨を嘆いても止めることはできません。私たちにできるのは、雨が止むのをただ待つことだけです。心の場合はもっと簡単で、雨に注意を向けなければいいのです。それだけで、心の中の雨は自然に消えていきます。

瞑想の実践

それでは、実際に観察の瞑想をやってみましょう。

観察の瞑想にもさまざまなやり方がありますが、ここで紹介するのは歩きながら行う「歩き瞑想」と、座りながら行う「座り瞑想」です。とてもシンプルな瞑想法ですので、ぜひ実践してみてください。

歩き瞑想

始めに、歩き瞑想のやり方を説明します。

まず、背筋を伸ばしてまっすぐ立ちます。

手は前か後ろで軽く組みます。目は閉じずに前方を見ます。

頭の中で「右足」と言います。「右足」といった瞬間に、右足の感覚に意識を集中します。

「上げる」と頭の中で言って、右足を上げながら、右足の感覚を感じます。

「運ぶ」と頭の中で言って、右足を前に運びながら、右足の感覚を感じます。

「下ろす」と頭の中で言って、右足を下ろしながら、右足の感覚を感じます。

同様に、「左足」と言って、左足の感覚に意識を集中します。

「上げる」と頭の中で言って、左足を上げながら、左足の感覚を感じます。

「運ぶ」と頭の中で言って、左足を前に運びながら、左足の感覚を感じます。

「下ろす」と頭の中で言って、左足を下ろしながら、左足の感覚を感じます。

このようにして、足の感覚を感じながら歩いていきます。

部屋の端まで歩いたら、「止まります」と言って止まります。

止まって立っている時の、足の感覚も感じます。

歩き瞑想

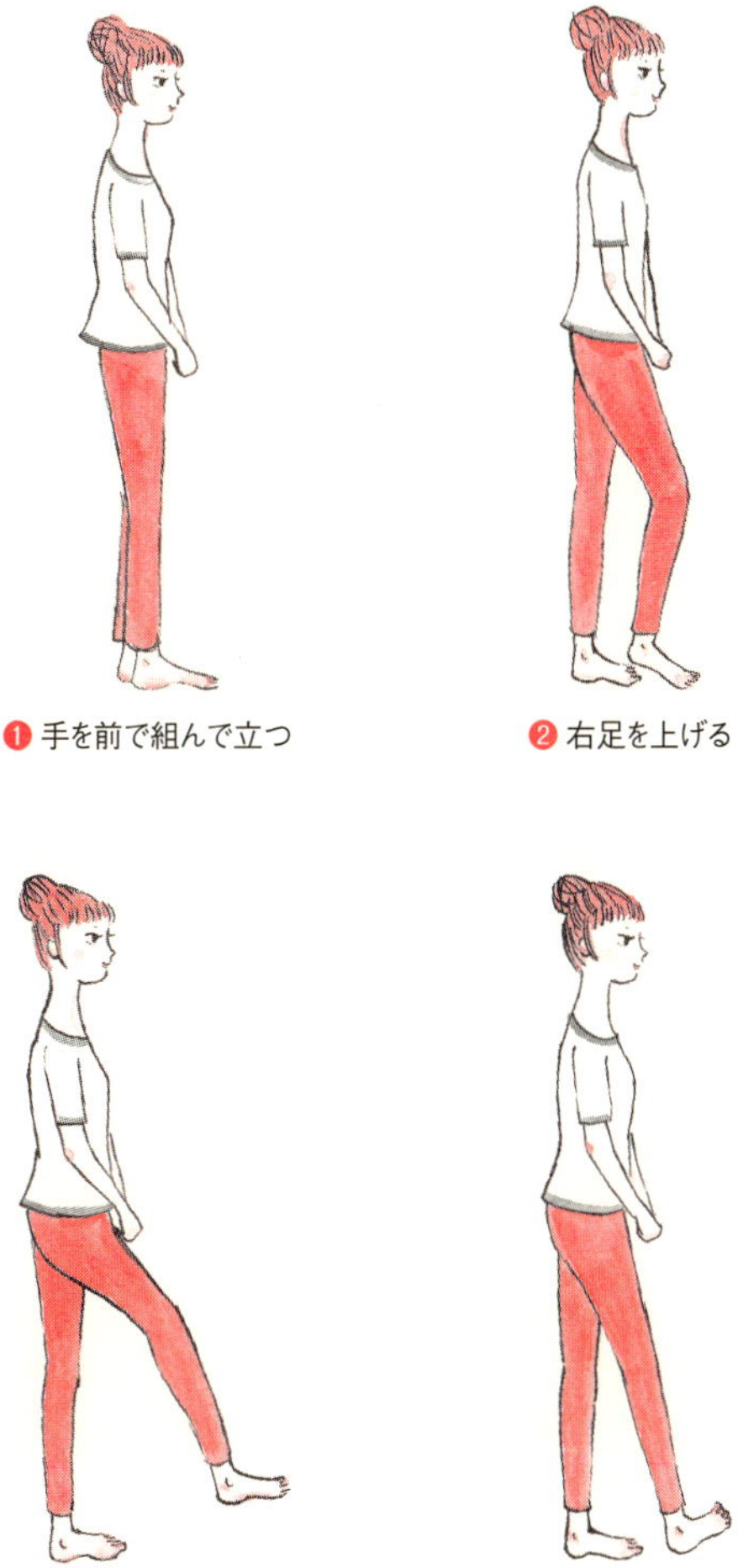

❶ 手を前で組んで立つ
❷ 右足を上げる
❸ 右足を運ぶ
❹ 右足を下ろす

方向転換の足の動き

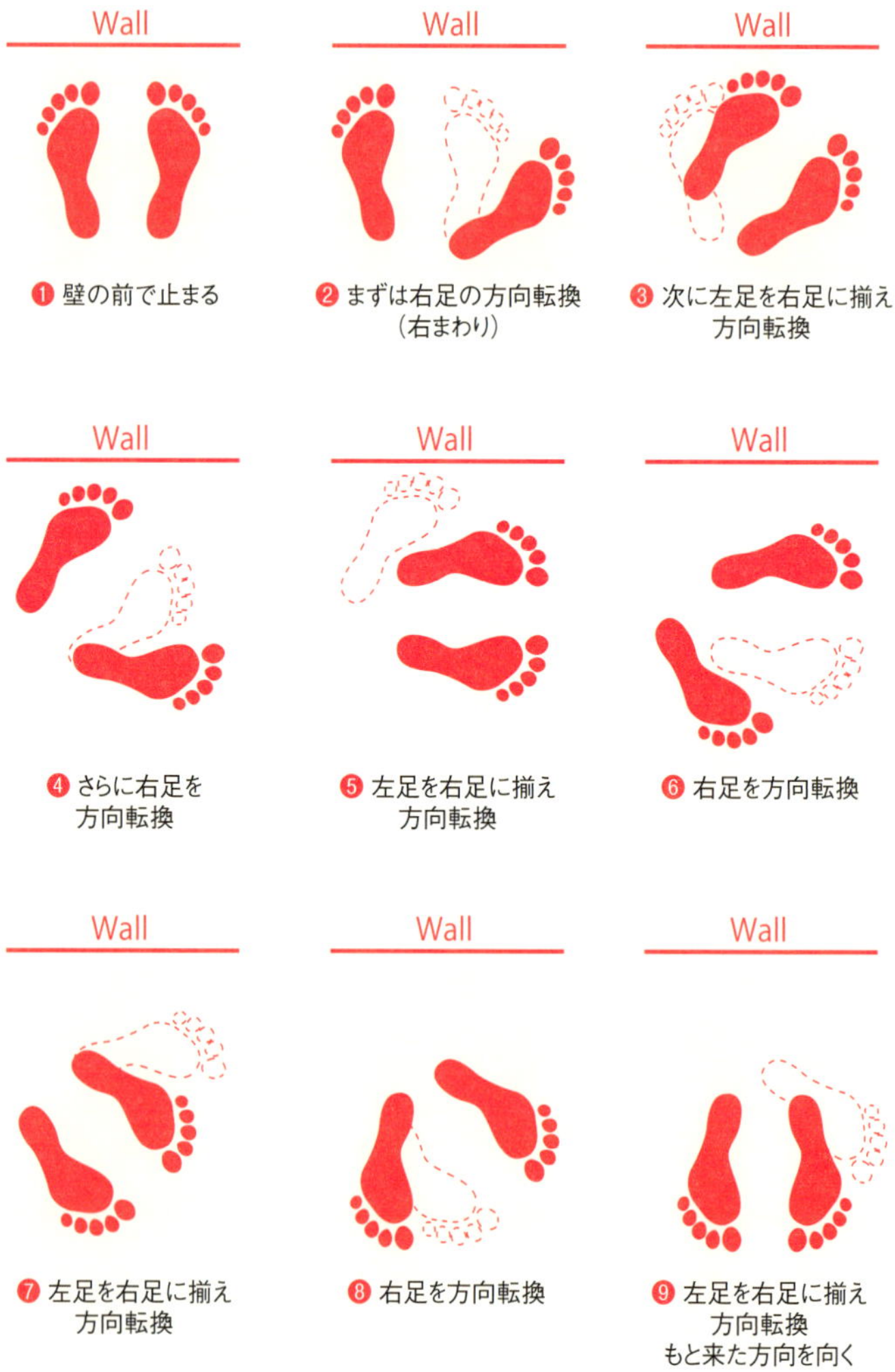
Wall
❶ 壁の前で止まる
Wall
❷ まずは右足の方向転換
（右まわり）
Wall
❸ 次に左足を右足に揃え
方向転換
Wall
❹ さらに右足を
方向転換
Wall
❺ 左足を右足に揃え
方向転換
Wall
❻ 右足を方向転換
Wall
❼ 左足を右足に揃え
方向転換
Wall
❽ 右足を方向転換
Wall
❾ 左足を右足に揃え
方向転換
もと来た方向を向く

「右足回す」と言って、右足を回して方向転換しながら、右足の感覚を感じます。「左足回す」と言って、左足を回して方向転換しながら、左足の感覚を感じます。

何回か繰り返して、もと来た方に方向転換します。回る方向はどちらでもかまいません。

歩いている最中に何か別なことを考えてしまったことに気づいたら、「考えている、考えている」と確認して放っておきます。そして、足の感覚を感じることに戻ります。

音が聞こえて気になってしまったら、「音、音」と確認して放っておきます。そして、足の感覚を感じることに戻ります。

このようにして、歩きながら瞑想します。

時間は30分から1時間程度、毎日実践してみてください。

座り瞑想

次に、座り瞑想のやり方を説明します。

背筋をまっすぐに伸ばして、床に坐骨がつくように座ります。足は、結跏趺坐《けっかふざ》（どちらかの足を反対側の腿《もも》に乗せ、もう一方の足も反対側の腿に乗せて足を組む座法）や半跏趺坐（どちらかの足を反対側の腿に乗せ、もう一方の足はただ曲げて座る座法）のように組まなくてもかまいません。

法界定印

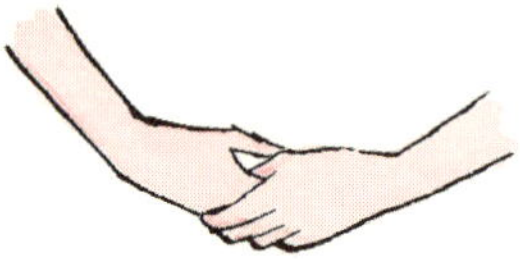

白隠流

足を組まない座り方

できるだけ長時間座れるように、足を組まずに、リラックスして座ってください。座布団を2枚使って、1枚を二つ折にしてもう1枚に重ね、お尻の下に敷くのがお勧めです。手は腰の前で組んでもいいですし、膝の上に置いてもかまいません。自分が楽に思えるようにしてください。

ちなみに、座禅でよく使われる印（ムドラー）には、法界定印と白隠《はくいん》流があります。法界定印は右手の上に左手を重ね、親指の先を合わせます。白隠流では左手の親指を、右手の人さし指以下4本の指と親指ではさむように握ります。

最初に、目を閉じて深呼吸を2〜3回してリラックスします。

身体全体の感覚を感じます。どこか気になるところがあったらその部分を感じてもいいのですが、必ず身体全体の感覚に戻ってください。何か別なことを考えてしまったことに気づいたら、「考えている、考えている」と確認して放っておきます。そして、身体全体の感覚を感じることに戻ります。

音が聞こえて気になってしまったら、「音、音」と確認して放っておきます。そして、身体全体の感覚を感じることに戻ります。

時間は30分から1時間程度、毎日実践してみてください。

瞑想中の予期せぬ出来事

瞑想の最中にはさまざまな予期せぬ出来事が起こります。それはまた、自分の心を観察するチャンスでもあります。ここでは、そのような出来事が起こった場合の心の観察例を示します。

心の観察の例1——鼻がかゆくなった

たとえば、鼻がかゆくなったとき、日常生活ではさっと手を伸ばしてかいてしまいますが、観察の瞑想では、次ページのような心の動きに気づきながらゆっくりと対処します。

・鼻がかゆいという感覚を感じる
・鼻をかきたいという欲求を感じる
・鼻をかこうと決める
・手をゆっくりと鼻に向かって動かす
・手を動かす時に「上げています、上げています」と心の中で言いながら、ゆっくり手を上げる。このとき、手の感覚を感じながら行う。
・鼻に手が届いたら、鼻に手が触れた感覚を感じる
・「かいています、かいています」と心の中で言いながら、ゆっくりかく
・かいている感覚を感じる
・かいた後、かゆみが収まった感覚を感じる
・「下げています、下げています」と心の中で言いながら、手をゆっくり下げてもとの位置に戻す。このとき、手の感覚を感じながら行う。

心の観察の例2——大きな音がした

瞑想中に外で大きな音がした場合の観察例です。
・大きな音に自分が驚いて動揺したことに気づく

・何があったのだろう？　と、考えたことに気づく
・しばらく、外に注意が向いていることに気づく
・時間が経つにつれ、だんだん自分の心が落ち着いてくることに気づく
・「身体の感覚を感じなければ」と考えたことに気づく

心の観察の例3――外で人が話をしている

瞑想中に、外で人が話している声が聞こえた場合の観察例です。
・人の話し声に、一瞬で注意が向いたことに気づく
・話の内容を理解しようとしていることに気づく
・「うるさい！」、「いつまで話してるんだ⁉」という怒りの感情が湧いてきたことに気づく
・話し声が止んだら、自分がホッとしていることに気づく
・時間が経つにつれ、だんだんと自分の心が落ち着いてくることに気づく
・「身体の感覚を感じなければ」と考えたことに気づく

考えずに感じる

観察の瞑想とは何か、をひとことで言うと「感じること」ですが、もう少し付け足していうと「考えないで感じる」ことです。

『燃えよドラゴン』というブルース・リー主演のカンフー映画がありましたが、映画の冒頭でブルース・リーが弟子の少年に、「考えるな！　感じるんだ！」と教える場面があります。考えないで感じることは、東洋の伝統的な教えなのでしょう。戦っている時にいちいち考えていては間に合いません。考えずに感じることによって、無意識のうちに行動を最適化するように訓練するということなのかもしれません。

それに比べて、私たち現代人が受けてきた教育は、「よく考えて行動しなさい」というものです。知識を与えられ、その枠組みを使って世界を読み取り、目的を達成するために、よく考えて必要な行動をとることが正しいとされています。

社会的な常識に従わないと、「社会からのけ者にされるのではないか」という怖れもあるでしょう。しかし、その怖れを乗り越えて自分の感覚を大切にして行動していかないと、新しい創造はできません。社会の中で新しい創造を果たし、本当に成功している人たちは、みな自分の感覚を大切にしてきたといえるでしょう。

「守破離《しゅはり》」という言葉があります。教えられたことを守り、それを破り、最終的には離れるということです。優秀な人は教えられなくても守破離を自分でやってしまいます。いつまでも教えられたことを繰り返しているばかりでは創造性がありません。破って離れた時に、初めて新しいものを創ることができるのです。

破って離れる時の基準になるのは、自分の感覚しかありません。それには自分の感覚をよく感じて、いったい自分がいま何を考えているのか、どんな感情が湧き上がってきているのかをよく認識する必要があります。瞑想はそうした自分の本当の感覚を知るためのトレーニングなのです。

瞑想にはいろいろな種類がありますが、私が勧めるのは、一点に集中するのではなく全体を感じる瞑想です。全体というのは、外の世界も自分の心の中も同時に感じるということです。

一点に集中すると、全体が見えなくなります。もちろん集中力も必要ですが、全体を感じるのにも集中力は必要です。つまり、全体を感じることによって集中力もつけることができるのです。

五感を使って全体を感じる瞑想を続けていると、いろいろなことが分かってきます。分かってくるというのは、顕在意識で分かることだけを意味するわけではありません。無意識のうちにさまざまな情報を受け取れるようになり、知らないうちにトラブルを避けていたり、さまざまなことが知らない間にスムーズに進むようになります。

自分がこうなってほしいと願うことが、自分からの働きかけではなく、勝手に起こるようになります。「勝手に起こった！」と驚いているのは顕在意識ですが、実は知らないうちに潜在意識が外の世界に働きかけ、望ましい現象を引き起こしているのです。

意識が世界を創り出すということにつながるかもしれませんが、その基礎になるのは自分の感覚を知ることです。全体を感じる瞑想は自分を知るためのトレーニングなのです。

意《い》で感じる

瞑想は、全体を感じる瞑想がお勧めですが、では、「全体」というのはいったい何を意味するのでしょう？

私たちが「感じる」というときは、五感を使います。五感とは視覚、聴覚、嗅覚、味覚、触覚のことですが、仏教では、眼《げん》・耳《に》・鼻《び》・舌《ぜつ》・身《しん》という感覚器官の他に、もうひとつ意《い》というものがあります。これは心の中で生じる思考やイメージを感じる感覚器官と考えられています。肉体としては、脳がこれに当たるでしょう。

人間の五感の中で、一番の主役は何といっても視覚です。心理学の研究では人間が感じる五感の比率は、視覚83%、聴覚11%、臭覚3・5%、触覚1・5%、味覚1・0%とされています。それほど人間は視覚に頼っているのです。

座り瞑想について考えてみましょう。座り瞑想の時は目を閉じて瞑想します。五感の中で最も大きな割合を占める入力器官である視覚がふさがれてしまうので、外の状況を探るのに他の感覚に頼らざるをえなくなります。

そのため普段より音や匂いが気になったり、肌に触れてくる風の感覚などに敏感になります。しかし、最も大きくその活動が感じられるのは「意《い》」の部分、つまり私たちの心の動きです。目を閉じて瞑想を始めると、いきなり思考が活発になり、さまざまな雑念がとめどもなく湧いてくるのはこのためです。

では、目を開けている時には心はそれほど活発に活動していなかったのでしょうか？　そんなことはありません。私たちの心は眠っている間も24時間ずっと働き続けています（眠っている時は夢を見ます）。しかし、日常生活の中で私たちは、自分の心の動きにそれほど注意を向けていません。常に、外界の活動に気をとられているからです。

目を閉じて瞑想を行ってみると、そうした心の活動が明らかになります。目を閉じることによって、自分の心の動きをより明確に感じることができる。これが、瞑想の時に目を閉じる理由ではないでしょうか。

瞑想では視覚という重要な感覚をあえて遮断することによって、自分の心の動きをいやがおうでも感じざるをえない状況に自らを追い込みます。外側にばかり向けていた注意を内側に向けることによって、本当は自分が何を感じているのか、どんなことを考えているのか、自分にじっくり向き合う貴重な機会を瞑想は提供してくれるのです。

すぐにハッピーエンドでは退屈

目を閉じて瞑想していると、よく分かることがあります。それは、私たちの心がいかに外界からの刺激を求めているかということです。

瞑想中にちょっとでも物音がすると、心はサッと音のした方向に注意を向けて、何の音か確かめようとします。何かの匂いが気になると、頭の中がその匂いでいっぱいになるように感じられることもあります。足の痛みがまるで顕微鏡で覗いてでもいるように増幅されて、一刻も早く、組んだ足をほどきたくなります。

感覚入力の80%以上を占める視覚が閉ざされている状態では、他の感覚器官から刺激を取り入れるしかありません。ですから、視覚以外の感覚が鋭敏になります。仏教では、「意」すなわち心もひとつの感覚器官とされていますが、実際、目を閉じた状態では心の動きもよく感じられます。

心は常に刺激を求めていますが、大きな刺激ほど好ましいようです。その証拠に私たちが好んで観る映画やテレビドラマは感情的な刺激に満ちています。そして、その刺激は必ずしもポジティヴなものばかりというわけではありません。悲しみや苦しみに満ちた物語が大きな感動を呼ぶこともあります。また、最後にはポジティヴな結末になる物語でも、その途中にはさまざまなネガティヴな感情のぶつかり合いが描かれることが多いのです。

私たちがこうしたネガティヴな感情の体験をしたい理由は、ただ体験したいからというほかありません。すぐにハッピーエンドになる映画では、私たちは退屈してしまいます。私たちが人生の中でさまざまなネガティヴな体験に出会うのも、刺激的な体験をしたいからではないでしょうか。

しかし中には、刺激の強いネガティヴな体験の中毒になっていると思われる人もいます。ネガティヴな状況から、なかなか抜け出せない人たちです。例えていうならば、シネマコンプレックスの中にあるホラー映画ばかり上映している映画館でずっとホラー映画を見ながら、これが現実だと信じ込んでいるようなものです。

正直に言いますと、私もネガティヴな状況からなかなか抜け出せなかった一人です。私の問題はとてつもない怒りを抱えていたことですが、それが処理できたのはごく最近のことです。

アニカを受けた人の中でうまいことを言った人がいます。

「住み慣れた地獄からは、なかなか引っ越しできない」

今の状況が地獄であっても、住み慣れた場所だから何が起こるかだいたい分かっているが、その場所を出たら何が起こるか分からないから怖いのです。

しかし、こうした地獄に住み慣れた人もまた、「長い人生という映画の中で最初の3分でハッピーエンドになってはつまらない」と考えているのかもしれません。自分の力で望まない状況を打破して、幸せをつかみとるというドラマを生きたいのかもしれませんね。

瞑想のご褒美

瞑想の成果は、「気づき」です。これまで見えていなかった自分の思い込みや隠されていた感情に気づくことが、瞑想したことのご褒美として与えられます。

そして、私の経験でいうと、「気づき」は瞑想中に訪れることはほとんどありません。瞑想をした翌日のある時、ふと思いつくように「気づき」がやってきます。もちろん、やってこない場合もあります。

そもそもどのような「気づき」が起こるのか、顕在意識は何ひとつ知ることはできません。そのため顕在意識から見れば、気づきは気まぐれに起こるように見えます。

しかし、瞑想を続けていくことによって次第に理解できるようになるのは、瞑想をしていなかった時には考えもしなかった「気づき」が、瞑想をすればするほどひんぱんに起こるということです。さらに不思議なことに、自分がいま抱えている問題の解決が予想もしなかった方向からやってきます。

瞑想を続けていると、潜在意識の変化は確実に起こります。顕在意識から見るのでは、自分の心の動きを観察しているだけですから、なぜそのような変化が起こるか理解できません。

しかし、普段気にもとめない自分の思考や感覚をいつも意識に上げてチェックしているうちに、そうした自動的思考や感覚のベースとなっている潜在意識が、自ら修正するようにも見えます。

瞑想を行うことによる現実世界の変化を楽しみにしながら、コツコツ瞑想を続けてみてください。思いもよらない素晴らしい世界に導かれるかもしれません。

ふたりでの瞑想

自分を知るためのツールとして有効な瞑想ですが、ひとつだけ致命的な弱点があります。それは自分の背中が見えないように、心の中にどうしても見えない部分が出てくるということです。おそらく、何十年も瞑想を続けても見えない部分は残るでしょう。

なぜなら、誰しも自分の心の中には見たくない部分があるからです。人間というものは面白いもので、他人のことはよく分かるのに、自分のことは本当に分からないものです。だからこそ、瞑想をして自分を理解しようとするのですが、見たくないものを見ることには抵抗があるので、本当の自分の姿を客観的に見るのは非常に難しいのです。

なぜ、心の中にそれほど見たくないものがあるのでしょう？　その見たくないものとは、「感じることを拒否された」感情だからです。人はトラウマのようなショッキングな出来事が起こったり、精神的に耐えられないような状況があまりにも長く続きすぎると、それをまともに感じていると心が壊れてしまうので、感じないようにします。自分の感情を感じることに耐え切れなくなり、そんな感情はなかったことにするのです。そうした、感じることを拒否された感情が潜在意識に潜って堆積していきます。

瞑想でこうした「感じることを拒否された感情」を感じようとしても、本当はもう二度とその感情を感じたくありません。そのため、心の中に見えない死角ができるのです。しかし、他人にとってその感情は自分には直接、関係のないものなので客観的に見ることができます。

そこで、ふたりで行う瞑想というものを考え出しました。それが、アニカです。

アニカではセラピストがクライアントの身体に手を当てて、自分と相手の全体をひとつのまとまりとして感じる瞑想をします。セラピストが深い瞑想状態に入ると、クライアントの意識も同調して、瞑想状態に入ります。それによってクライアントは、日常では気づかない、自分の心の奥にあるさまざまな思考や感情に気づくことができます。

感じたくないが故に固く蓋をしていたネガティヴな感情を発見したり、自分と縁の深い誰か他の人の感情が心に存在することに気づいたりします。そうして心の奥に隠された感情に気づくことにより、心は過去から解放されていきます。

アニカマスターコースでは、さまざまな人と組んでアニカを練習します。一人ひとりの観点は異なるので、多くの人とアニカすることにより、自分の心を観察するたくさんの観点を得ることができます。

観点といっても、超能力者のように他者の心にある思考や感情を言い当てることはできません。しかし、人間の共感する能力は確かに他者の感情を感じることができます。たとえブロックされた感情が当人には感じられなくても、他人からはその感情がよく分かるのです。

ブロックした感情に気づくことができれば、その感情は自然と感じられ、消えていきます。セラピストが感じたことは言葉で伝えなくても、クライアントの心に伝わります。クライアントはブロックされた感情を意識することもあれば、無意識のうちに感情が処理されることもあります。アニカを受けていて、眠っているうちに処理される場合もあります。

興味深いことに、セラピストがクライアントと同じようなブロックを持っていて、クライアントのブロックが外れた瞬間にセラピスト側のブロックも外れるようなことも起こります。人間の潜在意識は瞬間的に大量の情報通信を行っているので、片方が気づいた瞬間にもう片方にも気づきが伝わります。

同じブロックを持っている人同士がアニカを練習するパートナーになるような状況は、アニカマスターコースではよくあることで、まるで自らのブロックを外すために、同じブロックを持つ人を無意識に選んでいるかのようです。これも、縁のひとつといえるでしょう。

ちなみに、アニカマスターコースを卒業したからといって、心の中のすべてのネガティヴが解消されているとは限りません。よく誤解されるのですが、たとえばアニカ創始者である私の心には、ネガティヴなんてほとんど存在しないだろうと思われることがありますが、そんなことはありません。

あとでお話ししますが（注：253ページから参照）、私こそ、これまで巨大なネガティヴを心に抱えながら生きてきました。おそらく、ネガティヴは生きている間には完全になくなることはないでしょう。しかし、ネガティヴがあるからこそ私たちはさまざまな気づきを得て、自分や世界をより良くすることができるのです。

アニカセラピストの条件は、心にネガティヴがないことではなく、自分の心に正直に向き合う勇気を持ち続けることだと考えています。（著者注：2015年12月に潜在意識にあるネガティヴな感情記憶の基本的な部分をアニカで処理し終えたことを認定する、アニカピュリファイド〈浄化〉マスター認定制度ができました）

心の中の抑圧された感情に気づくには、より多くの人とアニカして、いろいろな観点から自分の心を観察するのが早道です。いやし手のヒーラーと病んだクライアントがいて、ヒーラーが一方的にクライアントをいやすのではなく、お互いに心の見えない部分を感じながら心をクリーニングしていくのが、「新しいいやしの技術」なのです。

容易に高いレベルの観点へ

瞑想で自分を客観的に見るトレーニングは、例えて言えば、富士山の裾野から一歩一歩自分の足で登っていくようなものです。瞑想をコツコツ続けていくことにより、少しずつ自我を客観的に観察する瞑想の観点が確立されていきます。

しかしアニカのように、すでにあるレベルの瞑想ができている他者の観点を導入すると、容易に高いレベルの観点を確立することができます。これは自動車に乗って一気に富士山の五合目まで登ったり、ヘリコプターで頂上まで行くことを意味します。アニカでは、こうした瞑想の観点のコピーが起こっているのではないかと考えています。

脳にはミラーニューロンと呼ばれる神経細胞があり、他者をまねることにより、新たな技能をスピーディーに修得する能力をつかさどっているといわれています。スプーン曲げができる人の隣で一緒にスプーン曲げをやってみると、実際に曲がってしまうという現象が起きますが、これはミラーニューロンによる体験的学習だと言えます。また、書道、茶道、華道、武道など日本の伝統的な文化でも、弟子が師のふるまいをまねることにより技能を学んでいくことが一般的です。これも、ミラーニューロンを使った学習であるといえるでしょう。

アニカでは、セラピストがクライアントの身体に手を置いて瞑想することにより、深い瞑想の意識状態にクライアントの意識を同調させます。それによりクライアントもまた、深い瞑想状態に入り、自分の潜在意識の中の不要な感情記憶に気づき、「手放す」ことができます。

「手放し」は、ほぼ無意識に行われます。アニカを受けた人の中には数秒のうちに何百枚もの映像が見えたり、過去の記憶が映像として走馬灯のように浮かんだりする経験をした方がいますが、これは顕在意識と潜在意識の処理量の違いによるものと思われます。

一説によれば、潜在意識の情報処理能力は顕在意識の百万倍ともいわれています。潜在意識にある大量の感情記憶のデータを処理するのですから、顕在意識がすべてを把握できないのも当然のことなのでしょう。アニカの最中に眠ってしまう方が多いのも、顕在意識の働きが弱まるほうが潜在意識の処理能力が高まるからかもしれません。

アニカが終了したあとでも、コピーされた観点は維持されます。その証拠に、アニカを一度受けると、他の人にアニカを行う能力が伝授されます。アニカマスターコースでは、その能力を深めるためのトレーニングを行っています。

アニカを受けると、瞑想も非常にやりやすくなります。これは自転車に乗れるようになるのと同じで、一度コツを覚えてしまうと二度目からは簡単に行えるのです。一度深い瞑想状態を体験すると、次からはその状態に行きやすくなるのでしょう。

アニカはクライアントの意識を深い瞑想状態に同調させることにより、高いレベルの瞑想の観点をインストールする技術ともいえます。この観点の確立により、意識を縛ってきたさまざまな信念を客観視し、感じたくないが故に認識できなかった感情記憶に気づいて、解放することができるのです。

あれ、ネガティヴに考えられないぞ!?

ここで、アニカを初めて受けたSさんの体験談をご紹介します。アニカを受けることによって高いレベルの瞑想の観点がコピーされ、妄想でいっぱいだった心が静かになる様子が分かります。

こーいちろーさん、昨日はありがとうございました。昨日はこころが軽くなって、ホント嬉しかったです。

アニカの直後は、あんなにザワザワしていた心が落ち着き、ネガティヴなことがぐるぐると回っていた頭の中の思考がなくなっていて、たった今の目の前のことの思考があるだけでした（表現が難しいです……）。

もう本当に、アップアップするくらいに頭の中にいろんなネガティヴな思いばかりが出てきてましたから……。時間が少し経つと、またネガティヴな思考は出てきたんですが、今までだったら、ひとつ出るとネガティヴな思考が連鎖して、果てしなくネガティヴな妄想が始まって思考が頭の中でぐるぐるとなって、胸が苦しくなっていました。

それがですね、なんか思考がひとつ出て終わり、また違う思考がひとつ出て終わりという感じになりました。これは初めての感覚で新鮮でした。

つい何時間か前までネガティヴにしか考えられなかった出来事も、もうネガティヴには考えられない!「あれ、ネガティヴに考えられないぞ?」みたいな感じになりました(笑)。これは、なんか楽しかったです。

あんまり嬉しかったので、興奮してなかなか眠れませんでした。ベッドに入っても、くしゃみ、鼻水がやたらと出て、そして、鼻もかゆくてかゆくて眠れないので、しようがないなぁと起きて、今まで億劫で手を付けていなかったことをしたりしました。

これも、今まではちょっとしたことでも頭が回らず、考えられなかったことが考えられるようになったからです。今まで、頭の中が思考だらけでいっぱいいっぱいだったのが、思考が減って、考えるスペースができたような感じです。

で、結局、2時間くらいしか眠れなかったかなぁ……。朝、起きてすぐは胸がしばらく苦しくて、ちょっと不安になりました。起き上ったら落ち着いて、寝ていないわりには、なんか元気でした。いつもの、しっかり眠れなかったしんどさはありませんでした。

今日になって、思考は少し増えてきまして、「げっ、元に戻んないよね?」と一抹の不安を覚えたりもしましたが、昨日までと比べたら、ホント減りました。

「思考は現実化する」

アニカをしていて一番驚くことは、全く想定もしていないようなことが起こって、クライアントの問題が解決することです。その一つは、周囲の人たちの自分に対する態度や行動が手の平を返すように180度変わってしまうことです。

アニカを受けたある女性は、「自己中心的と思っていた主人の態度が翌日から変化し、家族に協力的になり、1カ月経ったあとも変わらない」と言っていました。

また、ある女性はアニカで自分の中のトラウマを処理したその日から、毎日、夜遅く帰ってきて目も合わせず、黙ってご飯を食べ、布団に入って寝てしまっていたご主人が、夕方6時頃に帰宅し、こちらの目を見てちゃんと話をしてくれるようになったと言います。今もその状態が続いているそうです。

これらの女性たちは、自分がアニカを受けたり、自分でアニカしただけなのに、どうしてご主人の態度や行動が変わってしまうのか不思議そうでした。ひょっとすると、人間は潜在意識同士で大量の高速通信をしていて、無意識のうちに相手が心の中で思い込んでいることに合わせて行動しているのかもしれません。

こんな話があります。ある女性が、「自分の元カレが今は仕事をしている」ことを知って怒っていました。「自分と付き合っていたときは仕事をしていなかったのに、どうして別れたとたんに仕事を始めるの⁉　どういうことか分からない！」と怒っているというのです。その女性に「いま付き合っている彼は仕事をしているの？」と訊ねると、「いまの彼も仕事をしていない」というのです。ということは、この女性の心の中にある男性に対する思い込みが、男性に仕事をさせないようにしているのかもしれません。

また、ある女性も付き合っている彼が仕事をしなくて悩んでいたのですが、彼女がアニカを受けて1週間後に、彼が急にやる気を出して就職したそうです。

「思考は現実化する」という言葉がありますが、この場合の「思考」は、「心の底から本当だと信じていること」を意味します。その人が本当だと信じていることを現実として体験するのであれば、望まない現実を変えるには信じていることを変える必要があります。

しかし、あることを本気で信じ込んでいる人に信念を変えさせるのはとても難しいことです。それらの信念は潜在意識にあって強い感情を伴っているからです。トラウマのような過酷な経験があるからこそ、強い感情を伴うネガティヴな信念を持つことになったわけです。そして、その強烈なネガティヴ感情の記憶が、ネガティヴな経験を新たに繰り返し、創り出しているのです。

強烈なネガティヴ感情の記憶は、自分の経験によって生じたものではない場合もあります。自分の親や祖父母や、もっと上の世代の経験から生じた感情の記憶を、いま生きている私たちが無意識のうちに受け継いでいることもあります。

アニカではこうした感情の記憶を過去にさかのぼって消去することができるので、その感情記憶が原因となって起こっていた現象が一挙に消えるのかもしれません。

不都合な体験の原因となるそれぞれの感情記憶が何であるかは、複雑すぎて言葉で説明することはできません。分からないことも多いのです。言葉で説明することはできませんが、その感情をまるごと感じることは可能です。感情をとらえるには、言葉を使わずにその感情をダイレクトに感じることがいいようです。

ご主人が閉じていた理由

「世界は自分の心が創り出している」という話はよく聞きますが、実際にそのことが理解できるような経験をする人は多くはないと思います。

「外側に問題はない」、「外側に悪い人はいない」ということが身体レベルで理解されてくると、現実に発生してくるすべての不都合は、「自分の心の中にある原因に気づかせてくれるヒント」であることが分かってきます。

次にご紹介するIさんは、アニカマスターコース中に、ご主人とのコミュニケーションが全くとれていないことに改めて気づきました。ご主人は、仕事で遅く帰ってきて、ほとんど何も話をせずに寝てしまうという毎日でした。Iさんはご主人に問題があると思っていたのですが……。

…こーいちろーさん、大阪マスターコースの皆様、2日間どうもありがとうございま…

した。今回は、ルーツアニカ（注：先祖、過去世、ソウルメイトをいやすアニカの技法、177ページ参照）以上にぶっ飛びました。うちの家族の関係が破綻しかけていたことが分かって、びっくりしました。

今回、じっくり皆さまに主人についてアニカしてもらって帰宅したので、よく、アニカ体験談で聞く、「帰ったら主人が変わったんです！」を期待してたんですけど……その逆で、大喧嘩というか、主人が言った言葉にブチ切れてしまい、「明日、離婚届を取りに行って、それを包丁と共に机にぶっ刺してやろう」というぐらい怒ってしまいました（笑）

でも、主人はうまく私の怒りをすり抜け、早々と寝てしまいました。私は怒ると当人に直接、言わないと気が済まないたちなので、どこに怒りをぶつけたらいいものやら悶々としていました。

でも、こーいちろーさんが、「相手は自分の投影である」と言っていたのを思い出し、彼をそうさせたのがすべて自分ならば、「悪いのは彼じゃなくて、私なのか」と気づいて、でも自分に怒ることができず、怒りの正体が分からないのでわけが分からなくなってしまいました。

それで、一夜明けたら、怒りの正体がだんだん分かってきました。それは昔の、忘れたくて封印した、似たような二つの出来事でした。悔しくて悔しくて、当時の私にはどうにも解決できない出来事でした。

昨日の主人との喧嘩の間、剣の刃を5本ぐらい、心の中で無意識に主人に飛ばしていたんです。「私よりもっとどぎつい人に、ボロボロにされてしまったらいい！」といった気持ちと共に……。その時、「いろいろ私はつらかったのに、あのときも今もずっと無関心だったよね、あんた！」って言ったら、主人はひとこと、「ふーん」とだけ言いました。「オイオイ！　どんだけ無関心やねん！」と突っ込まずにはおれませんでした。

その何か黒魔術みたいなものを飛ばしてることを思い出したら、私、言葉で感情を吐き出してると思ってたけど、何かいやな電波のようなものが常に漏れ出てたみたいです。だから彼は、私の電波を感じないように「閉じていた」ようです。

こーいちろーさんに、「旦那さん、閉じてるね」って言われたとき、主人の問題だと思ってましたが、私のせいだったとは……（笑）

そのことに気づいて、悔しかったことを感じ切ったら、いつもは夜の10時を過ぎないと帰ってこない主人が、その日は夕方の6時に帰ってきました！　先週からその時間に帰りたかったのに、前の週は帰れなかったそうです。多分、私の電波にやられるから……。帰ってきてから、何カ月かぶりにちゃんと目を見て話をしてくれました。会話の途中にやたらとタバコを吸いに席を立つこともなく、向こうから話しかけてくれて……。

人に想念で剣を投げつけたり（あとでアニカを送りましたが……）、私はひどく冷酷で非道な女です！　ですから、その仕打ちを周りから受けるのも納得できるのでした。

心が冷えていたから、体も冷えていたのかしら……。生まれて始めて「自分の足」のように思えたひざ下が、触らないのに初めて「温かい」と感じたのです。ちゃんと私の中身が外側に投影されるということが分かる体験ができたと思います。

あと、うちの子どもが「今日、私、天使と話できる！」と言い出して、「私も話したいなぁ」と言ったら、「お母さんも天使になったらできるよ」と言うのです。「どうしたら天使になれるか」と聞いたら、「お父さんに魔法をかけてもらって」と言われました。

そのあとで、「天井のあたりに天使がいるよ」と教えてくれたので、天井からぶら下げているガラスの玉に向かって、「もしいるなら、揺らしてぇ」と言ったら、本当に揺れました。2回繰り返して言ったら2回とも揺れて、子どもたちがビビりまくっていたので、笑ってしまいました。

今日も主人は早く帰ってきて、ごく普通に目を見て会話することができました。よく考えてみたら、私は他人に傷つけられるのが怖くて、ずっと「他人に興味はない！」と言って生きてきたので、主人が私に興味を持たないのは当たり前のことだったのです……。

本当に本当に、たくさんの気づきをありがとうございました～！


さまざまな不都合は、誰か周りの人のせいではありません。自分の心が映写機になって、心の中身を現実に映し出しているのです。だから、他人を正そうとしても無駄なことです。自分の心にあるネガティヴな感情記憶をきれいに掃除することが唯一の解決策なのです。

過去に生きた人たちの感情記憶

心の奥にある感情は自分のものだけとは限りません。潜在意識の奥底は他者の潜在意識とつながっているので、両親や祖父母、先祖、過去世、ソウルメイトなど、過去に生きた縁のある人たちの感情が残っていることもあります。そうした他者の感情がいま生きている自分に強い影響を及ぼしていることは、実はよくあることなのです。

たとえば、ひとりぼっちではないのに、小さな頃から常にさびしいという感情につきまとわれていたという女性がいました。アニカを受けて、その女性が気づいたのは、そのさびしい感情は自分のものではなくお母さんのものだったというのです。

その女性が子どもの頃、お母さんは仕事の関係でご主人とは離れて暮らすことが多く、お母さんはさびしい気持ちをずっと抱いていたそうです。アニカの最中にセラピストがそのさびしい気持ちを感じることにより、その女性のさびしい感情は消えていきました。アニカ後には、「さびしい気持ちがもうない！」ということを実感したそうです。

自分の中にある、わけの分からない衝動や欲求、無意識的な反応の背後には、こうした縁のある他者の感情の記憶があるのかもしれません。自分の心がすべて自分の思い通りにならないのは、心が他者の感情とつながっているからかもしれません。

アニカで心の中にある他者の感情を感じて処理することにより、その人本来の心のあり方を取り戻すことができるのです。

過去のしがらみから自由に

アニカでたくさんの人がいやされていく過程で、私たちが衝動的に自分のためにならない行動を選択してしまう原因のひとつは、過去世でのネガティヴな経験にあるということがはっきりと分かってきました。

過去世が人生の中でつらい経験をし、嫉妬、恨み、罪悪感、怒り、恐れなどの強いネガティヴな感情を潜在意識に追いやったとき、過去世の死後もその感情の記憶は情報空間のどこかに残り、その感情記憶につながった私たちは、まるで憑依されているかのようにその感情を再体験することがあります。

アニカは、私たちの不都合の原因である過去世の感情記憶を処理して彼らをいやすことができます。それによって、今生の私たちも過去のしがらみから自由になることができるのです。

過去世は別人格とはいえ、結局は自分なのですから、過去世を知ることは自分を深く知ることにもつながります。何代もの過去世の人生をたどっていくうちに、私たちは自分の宇宙の神話世界を知ることにもなるのです。

スピリチュアルな世界では、よく悪い霊に憑依されるということを聞きますが、私は自分の過去世での体験を引きずって苦しんでいることが多いのではないかと考えています。それもまた過去を生きた自分なのですから、過去世をいやすことは自分自身をいやすことにつながります。それと同時に、自分が経験している世界について、その経験の原因はすべて自分にあるという自己責任を持つことができるようになります。

ここでは、アニカを続けるうちに意識が開いて、潜在意識の奥深くに存在するさまざまな存在が分かるようになった、アニカマスターコースのアシスタント、谷津絵美子さんの体験談をご紹介します。

過去世が現在の私たちに多大な影響を与えているということ、そしてそれをアニカでいやすことができるということが分かり、ごく最近になって私の過去世である「彼女」の存在を自覚しました。

常に存在を感じるわけではなく、何かのタイミングで彼女が顔を出す時、現在の私と過去世の私を同時に感じるのです。おそらく今の私の状況や感情が、彼女の生きた人生の中での出来事や、その時の感情にシンクロすると出てくるのだと思います。

自分の感情だと思っていたものが自分のものではない、そのことに気づくようになったので、今はアニカで対処もできますが、まだそのことが分からなかった頃、私はとてもつらい日々を過ごしていました。過去の日記を見ると、彼女の存在が強く現れた時のことがよく分かります。

・1月28日　死にたいと思い、手首を切りたくなる衝動。夕食の支度で包丁を持つのが怖い。
・2月10日　どうにも苦しくて自分で手の甲を切ってしまった。なんとか手首は避けたけど。
・2月11日　昨夜は最悪。手が痛い。これでもかって切りつけてやった。憎しみ、怒り、自責、これはもっとひどくなるのだろうか。
・3月3日　夜、なんだかまた誰かにつながってしまったのか、苦しかった。こうなるとまた手を切りたくなるし、恨み、怒り。自分への憎悪。
・3月20日　私に構わないで、ずるい、来ないで、もう会いたくない、卑怯者。
（これは書いた記憶が無くて、翌日、日記を見て驚きました）

❇

最近になって、私（注：谷津さん）はアニカをする時、出てきたネガティヴ感情の持ち主の言葉が頭に浮かぶようになり、「彼女」の生きた人生を知ることができました。以下は、「彼女」が語ってくれたことです。

「私のうちは兄弟が多かった。私は早く家を出るしかなかった。兄は家業を継いだし、姉は母を手伝って、家のことや弟妹の世話をしていた。私は居場所がなかった。せめて自分で食べていくようになって家を出るしか、家族のためにできることはなかった。それを望まれていたのも分かっていたし。どのくらいさびしかったか分かる？　私を必要としてくれる人を、実は私が必要としていたことが分かる？　だから、たとえ私を本当に愛してくれていなくたって、私には必要だった」

彼女は自分の身を売ってお金を作り、恋人に渡していたのですが、恋人は他の女性のところへ行ってしまったようです。おまけにお腹には赤ちゃんがいたので、自ら命を絶ったということです。

実は彼女がここまで話してくれるまでには、何日もかかっており、たびたび私の頭の中に、「切っちゃえ、切っちゃえ」という言葉が浮かびました。そのたびに自分自身への憎悪、自分の身体への嫌悪、そして、自分への制裁のように、切りたいという衝動が起こりました。

でも、以前と違ってこれは過去世だと分かっていたので、そうなった時にはすぐにアニカをしました。自分だけではどうにもならない時は、瀧上先生にアニカを送っていただきました。アニカの仲間に助けてもらったこともあります。

そして、彼女が自分の苦しみをすべて語り、おなかの赤ちゃん共々アニカでいやされると、彼女は私の中から完全にいなくなりました。それからは、もう自傷の衝動も起こっていません。この過去世がいやされることなく、存在にも気づかずに過ごしていたら、私はいつか本当に手首を切ってしまったのかもしれません。

誰か別の存在と思っていたものが、実は自分自身であるということ、何かに憑りつかれたかのように思っていた感情も、すべては自らが発したものであるということが分かり、自分の周りに起こる不都合はすべて自分に責任があると実感しました。

気づき始めてみると、このように今の自分に大きな影響を与えている過去世は、他にもたくさんいます。そして、アニカでいやされるとその変化により、過去世が持ち続けていたネガティヴ感情から自分が解放されたことが分かります。

たとえば、源氏の武将だった過去世をいやしたら、気を張り続けていたのがなくなったとか、病でひとり、悲しみに耐えていた女性の過去世をいやしたら、昔からしばしば頭に浮かんできた「ひとりにしないで」という言葉と共にさびしさが消えたとか……他の人には分からないかもしれませんが、自分には納得できるのです。

自分の努力だけではどうにもならない問題や不都合はたくさんあります。それをアニカでいやすことによって解決することができるたびに、自分で過去世や先祖にアクセスすることのできる、このアニカといういやしの技術の素晴らしさを実感しています。

本当の自分を見つける第一歩

アニカの体験は、人によってさまざまです。イメージを見る人もいれば、痛みなどの身体的感覚を感じる人もいます。たとえば、アニカを受けている最中に何百もの画像がものすごい速さで見えたり、映画を見ているように過去世のストーリーが見えたりする人もいます。

セラピストによっても感じ方はさまざまです。イメージが見える人もいれば、触覚として感じられる人もいます。視覚、聴覚、触覚（体感）など、それぞれのセラピストに一番得意な感覚があるので、感じ方は十人十色と言えます。

そもそも、私たちが感じているものは何でしょう？　私たちは目、耳、鼻、舌、皮膚という感覚器官から外界のデータを取り入れて、脳内で再構成して現実を創って体験しています。しかし、目を閉じて瞑想をしている時にはこれらの外界からの物理的な刺激以外に感じられるものがあります。イメージが見えたり、エネルギーの動きのようなものが感じられたり、キーンという高周波音が聞こえたり、人によってはその場にはないような匂いが感じられたりすることもあります。

これらは、脳内のどこかで創り出された感覚です。五感で感じた外界からの刺激ではないので、幻覚と言うこともできるでしょう。しかし、私たちが感じているものは確かに現実の一部です。幻覚として簡単に打ち捨てるわけにはいきません。それらの感覚も、「意味のある情報」と考えてみてはどうでしょう。

私たちが受けてきた教育は唯物的な科学に基づいています。そのため、本当は脳内で豊かなイメージを見ているのに、周囲から変だと思われないように黙っている人が以外に多いのです。

アニカでは、そうした感覚をその人独特の感じる力として尊重します。

私たちが「感じる」ことについての常識を手放したとき、実際にはさまざまなことが感じられることに気づきます。ただ身体に手を当てて感じているだけなのに、相手の肉体的な痛みや心の中にある感情や記憶に気づくことがあります。科学的な常識からすると、そんなことはできるわけがないということになりますが、実際にはセラピストとクライアントの両者の感覚や気づきが驚くほど一致していることが多いのです。

初めてアニカをやってみた時に、「何も感じることができない」という人が多くいます。しかし、生きている限り何かを感じているはずです。その人たちが「何も感じることができない」というのは、「自分が感じていることが、何か意味のあることとは思えない」ということです。「感じる」ということはこういうことであるという思い込みがあるのかもしれません。

アニカを学ぶ場で、たとえ自分が感じたものが妄想のように思えても、そのまま素直に表現してかまわないということを伝えると、参加者たちは少しずつ自分の見えたイメージや感覚をシェアし始めます。そして、誰もがみな、自分の感じた感覚を人前で表現できたことに喜びを感じるのです。

自分が感じていることに目を向けて尊重すること、それは本当の自分を見つける第一歩です。

自分と相手との境界

アニカをしていると、自分と相手の境界が分からなくなることがあります。身体に当てていいる手が相手の身体の中にズボッと入っていくような感覚、手が無くなったような感覚がすることがあります。そこで感じている感覚は何でしょう？

多くの人は、モノがすべてであるかのような常識を持っています。たとえば、病気を治すためには薬を処方してもらい、薬というモノを身体というモノに投入して、生化学的な効果を期待します。病気を創り出したかもしれない信念や感情とのかかわりは無視されています。しかし今日では、思考や感情といった精神的な活動が病気の原因に深くかかわっていることが明らかになってきています。

およそ1世紀前、アインシュタインにより4次元という概念がつくられました。3次元の空間に時間を融合させて、4次元です。しかし、現代の物理学では11次元まであるという説もあります。では、5次元から11次元までの次元（余剰次元と呼ばれます）はどこにあるのでしょう？　余剰次元はこの空間のどこかに折りたたまれているという物理学者もいますが、要するに5次元以上の高次元は目にも見えず、触れることもできないということです。

しかし考えてみると、思考や感情も目に見えませんし、触れることもできません。とすると、人間は5次元以上の高次元で考えたり、感じたりしているのかもしれません。人間の思考や感情は高次元における意識の活動なのです。したがって、相手の身体に手を触れて感じられるさまざまな情報は、高次元の意識の活動である思考や感情であるということができるでしょう。

もうひとつ言えることは、高次元では肉体という物理的な制限はないということです。高次元の観点からすると、私の意識と私の肉体、相手の意識と相手の肉体がそれぞれ関係づけられていることは情報として設定されているかもしれませんが、私の意識と相手の意識にはっきりとした境界はありません。情報空間上では二つの意識が重なっているかもしれないし、大量の情報がやりとりされているのですから、むしろ心という大きな一つのシステムの一部と見ることもできるでしょう。

竹藪の竹は、地上では1本2本と数えられますが、地中では根がしっかりとつながっていて、ひとつの生物となっているようなものです。意識についても同じことが言えるのではないでしょうか。顕在意識のレベルでは個々の意識が存在すると言えるかもしれませんが、潜在意識の奥深くに入っていくと個々の意識の境界は消え、ひとつの大きな意識につながっていきます。

相手の身体に手を置いて瞑想している時に感じられるのは、物理世界における肉体の感覚ではなく、高次元の思考や感情という情報です。そのことを事実として認めた時に、人間の感じる力に無限の可能性が開かれていきます。

潜在意識の情報をクリーニング

アニカをしていると、何を処理しているのか分からなくなる場合があります。意味の分からない断片的なイメージが見えたり、強い緊張感やグシャグシャとした乱雑なエネルギーを感じたりすることもあります。そうしたイメージや感覚は、時間をかけて感じているうちに消えていったり、落ち着いた感覚に変化しますが、ただそれだけで、クライアントの心にあるネガティヴな要素が消えていきます。

アニカをしている時に、セラピストもクライアントも何が起こっているか分からない理由は、アニカが潜在意識にある情報をクリーニングしているからです。潜在意識は顕在意識より容量も処理能力もはるかに大きいので、いま何を処理しているか、ひとつひとつ意識することは難しいのでしょう。アニカでは、セラピストの潜在意識とクライアントの潜在意識が協働して高速で情報処理を行うので、顕在意識は処理の概要を、言葉ではなく肉体的な感覚やイメージとして感じるほかないのかもしれません。

何が起こっているか分からないまま、潜在意識に任せて処理を進めるのは、きわめて東洋的な手法とも言えます。西洋的なセラピーでは、クライアントが体験している不都合な現象の原因を潜在意識にある信念に求めて、この隠された信念を言語化することにより、意識に上げて処理するものが多いのです。しかし、その手法には以下のような問題があると考えています。

❶そもそも感じたくない感情や否定的な信念が潜在意識に押しやられ隠されるので、それらに気づいたり感じたりすることに抵抗があり、意識に上げるのが難しい。

❷不都合な経験の原因として、間違った信念を見つけることがある。間違った信念をいくら処理しても、不都合な経験は解消されない。

❸不都合な経験の原因として信念をねつ造してしまうことがある。本当の信念を意識に上げるのは抵抗があるので、代替案として自分が許容できる信念を創り出してごまかすが、それも間違った信念なので、不都合な経験の解消にはつながらない。

❹大量の信念や感情記憶を保持する潜在意識の容量や処理能力に比べて、ひとつひとつの信念を意識に上げて処理する逐時的なやり方では間に合わない。いくら処理しても、玉ねぎの皮をむくように、あとからあとから問題の原因が出てくることがある。

これに対して、アニカのように言葉を使わずに潜在意識に直接働きかける手法は、原因を意識に上げないまま処理するので、短時間で深く広範囲に心をクリーニングできます。

言葉を使うということは、顕在意識を介して潜在意識にアクセスすることを意味しますが、それでは処理能力が低いので、言葉を使わずに潜在意識をそのまま使って、クライアントの潜在意識に働きかけるのです。それが、潜在意識にある大量のネガティヴ情報を高速に処理する最適な方法です。

例えていうならば、西洋的な方法は氷山の上からスコップで穴を掘るようなものですが、東洋的な方法では氷山そのものを粉々に粉砕するような効果があるといえるかもしれません。

言葉を使わない利点

アニカは言葉を使いません。これは、瞑想の本質が言葉のない感覚の世界を感じるものだからですが、言葉を使わないことにはいくつか利点があります。

その一つは、言葉を使わないが故に正確に起きていることを感じられるということです。言葉で感覚を表現したとたん、その言葉に含まれない感覚は切り捨てられてしまいます。

言葉は感覚の代わりになるものではありません。感覚を言葉で完全に表現することはできません。たとえば、「愛」についていくら言葉を尽くしても、「愛」の感覚について完璧に表現することはできません。しかし私たちは、家族、パートナー、友人、ペットなどに対して日々、

「愛」の感覚を体験しています。私たちは言葉を超えた世界を日々体験しているのです。

もちろん、言葉は大切です。言葉なくして伝えられないことはたくさんあります。しかし、最初から言葉を前提にして世界を感じることは、信念体系という思い込みのフィルターを通して世界を見ることになります。そのためアニカでは、言葉を使わないで、ただ感じることに専念します。現象の全体を直接的に感じるといってもいいでしょう。そうして感じたものの中から、豊かな気づきが生まれます。

感情を感じる最も良い方法は、言葉に翻訳しないでそのまま感じることです。クライアントの感情記憶を感じる時に言葉を使って判断していたら、その言葉に合わない感情は言葉の網の目をすりぬけて逃げていってしまいます。アニカでは感情を感じることがそのままクリーニングになっているので、言葉に置き換える必要はないのです。

私たちには共感という能力があるので、日常生活で出会う人たちの感情ばかりか、映画やドラマの登場人物にさえ共感することができます。それらの感情は無意識だからこそ深く共感できるのであり、登場人物の心の動きをいちいち言葉で分析しながら見る必要はないのです。

西洋的なセラピーには、言葉を使って潜在意識にある信念や感情を探り出そうとするものがあります。しかし、潜在意識にある感情は、理由があって潜在意識に潜り込んでいるのです。それを無理やり暴こうとしても強い抵抗にあいます。これを、「麻酔を使わないで手術するようなものだ」と例えた人もいます。言葉を使わなければ、そうした抵抗に遭うことは少なくなります。

もちろん、言葉を使わなくてもクライアントが感情を解放したくない時に、無理やり解放させることはできません。しかし、そのような感情があることを言葉で指摘しただけでも抵抗が起きるのに対して、アニカでは何も言わずに、その感情を感じるだけなので、感情を解放することができます。

きらいな人の「存在理由」

誰にでも苦手な人やきらいな人はいるでしょう。そういう人たちにどう対処したらいいでしょうか？　その人たちを好きになれたらいいのですが、嫌《いや》だと感じてしまう自分を簡単に変えることはできません。ほとんどの場合、頭で判断しているというより、身体が自動的に反応して拒否してしまうという感じではないでしょうか。ということは、「きらいだ」という価値判断の原因は潜在意識にあるのです。潜在意識にある信念や感情に気づくことは難しいので、なかなかそうした現象を改善することはできません。

自分の中に誰かを拒否する気持ちがあるのなら、いったいそれが何なのか感じてみるといいでしょう。他人の嫌なところが目につくのは、元々自分の中に同じ嫌な要素があってそのことを否定しようとするので、自分がその罪を逃れるために、他人にその罪を投影して非難することがあるのです。

たとえば、ある女性経営者は「部下があまりに周囲のことに気を配らない」と怒っていました。「自分はこんなに忙しいのに、そのことを全く気にかけずに行動しているのに腹が立つ」というのです。

その女性経営者に、「そのような経験をした方が家族の中にいませんでしたか？」と質問してみると、彼女のお母さんが同じような経験をしていることに気づかれたようでした。その方のお母さんは看護師の仕事をしていたのですが、家事もこなさなければならず、非常に忙しかったそうです。彼女が子どもの頃、忙しかったお母さんにいろいろな要求をし、そのことでお母さんが「自分はこんなに一生懸命がんばっているのに理解してもらえない」とお父さんに愚痴をこぼしているのを聞いたのだそうです。

ひょっとすると、お母さんは「仕事をしているから子どもの要求に応えることができない」という罪悪感を持っていたかもしれません。また、まだ子どもだったその女性経営者も「お母さんの忙しさを思いやることができなかった」という罪悪感を持ってしまったのかもしれません。そうした罪悪感が潜在意識の中に強く残っていて、今も同じ経験を繰り返しているのではないかと思われます。

そのことに気づき、アニカでその感情を感じてからは、部下の態度はガラっと変わり、逆に彼女を気づかってくれるようになったそうです。とても不思議なことに思えますが、自分の心が変わると周囲の人たちの自分に対する態度が手の平を返したように変わるのは、アニカの体験談にはよくあることです。

ひょっとすると、自分が気に入らない人が目の前に現れるのは、自分の心の中にある「手放すべき感情の記憶」に気づかせてくれるためなのかもしれません。

ネガティヴを手放す

マッサージや整体、美容師などお客さんの身体に触れる人たちの間で、エネルギーの悪いお客さんが来て、その悪いエネルギーをもらってしまったという話を聞くことがあります。これはお客さんに対して、「悪いエネルギーを持つ人」という価値判断をしてしまったためで、悪いエネルギーに触れれば当然、悪いエネルギーをもらって自分が苦しむことになるでしょう。

しかし、いくら頭で理解し、そうした価値判断をやめようとしてもなかなかできるものではありません。その価値判断は潜在意識に根を張っている信念や感情が原因であり、潜在意識にあるが故に、自分ではなかなか気づけないからです。

外側に誰か自分を攻撃する者がいて、自分はその被害者になっているという信念は、人類にとってかなり普遍的な信念かもしれません。実際に権力者から被害を受けたり、戦争に巻き込まれてひどい目にあったりした経験から生じた、他者の苦しみの感情記憶が私たちの潜在意識にたくさん溜まっていると思われます。

アニカでは、「私たちに縁があり、過去に生きていた人の感情記憶が潜在意識に残っていて、その感情記憶とつながってしまったが故に、いま生きている私たちが似たような経験を繰り返ししてしまう」という考え方をしています。

悪いエネルギーを持つお客さんが目の前に来て、その悪いエネルギーに自分がやられてしまうという経験も、偶然に起こるのではなく、心の中にあるそうした「悪いエネルギーにやられる！」という恐怖の感情記憶が原因となって起こるのでしょう。

確かに、現代の私たちの生活はストレスに満ちています。元々感受性の強い人たちは、ネガティヴな思考や感情を感じることに耐えきれず、感じることを封印しようとします。しかし、いくら心をガードしても、生きている以上、感じることをやめるわけにはいきません。他人のネガティヴな思考や感情に同調してしまって苦しむことになります。

根本的な解決方法は、「それらのネガティヴな思考や感情は自分のものではない」と潜在意識のレベルで理解することです。私たちが過去に生きた人の感情記憶につながってしまうのは、私たちに共感する能力があるからです。夫に強い怒りを感じているお母さんに共感してしまったお嬢さんが、「自分もお父さんのことがきらいだ！」と思い込んでしまうことがあります。実はそれは、自分の感情ではなくお母さんの感情なのです。その感情は自分のものではないということに気づけば、その感情と同調するのをやめて、他者の感情から離れることができます。

他人のネガティヴな信念や感情は自分のものではないのですから、放っておけばいいのです。わざわざ同調する必要はありません。どうしても無意識のうちに同調してしまうなら、自分の心の中にその原因があるということです。他人から悪い影響を受けてしまうのは、自分がより自分らしく生きるため、自分に向き合うきっかけをつくってくれていると考えればいいのです。

アニカセラピストは進んで他人のネガティヴな感情を感じますが、悪い影響をもらうことはほとんどありません。それは、アニカセラピストがネガティヴな感情を感じても同調しないレベルの瞑想の観点を、潜在意識に確立しているからです。

＊
＊
＊

不都合な経験の原因となっている潜在意識の中の、ネガティヴな感情の記憶を根気よく手放していけば、人生はすべての局面で正常化していきます。そうなれば、他人のネガティヴな信念や感情から悪い影響をもらわなくなるばかりか、むしろ他人に良い影響を与えて、いやしていくことができるようになります。

第3章

本当の「私」を生きる

あいまいな「私」

「私」とは何でしょう？ 私には名前があり、身長・体重はこれくらい、血液型は何々で、こんな風貌をしていて、このような性格で、家族がいて、出身校はどこそこで、こんな仕事をしていて、年収はこのぐらい……。そんな説明をしていけば、「私」を表現できたような気になります。

しかし一方で、こうした言葉による説明だけでは表現できない、あいまいな「私」がいるのです。それは自分の思い通りにならない、「私」です。

「私」の心の中にはさまざまな葛藤があり、何かを決めるのに悩んだり、感情をうまく表現できなかったり、怖れから行動できなかったり、罪悪感にさいなまれたりします。時間の経過によって気分がコロコロ変わったり、思いもしなかった行動をとったりすることもあります。こうした何とも表現しようのない「私」も存在します。

自分らしくいられないと思うことも多いかもしれませんが、そもそも「自分らしさ」とは何でしょう？ 「自分らしさ」とは自分が自分自身に対して抱いている思い込みであり、他人から見た自分は、また違う「自分らしさ」を持っているかもしれません。ひょっとすると、自分が考える「私」と、他人が考える「私」は全く違う人物かもしれません。つまり、「私」は観点によって異なるのです。

人はそれぞれ役割を持っています。たとえば、家庭にいる「私」は、妻に対しては夫、子どもに対しては父であり、親に対しては子どもです。この3者に対して私がとる態度は異なります。妻や子どもや親の観点を同時に見ることができたとしたら、私はまるで3人の別人のように見えるでしょう。それに自分が自分を見る観点を加えたら、また違う人物が現れます。

私たちは身体を持っているので、あたかも「私」という実体があるように考えますが、実はそのようなものはありません。身体のサイズは測定できるかもしれませんが、「私」の心を心理テストで測定したからといって、それが「私」とは言えないでしょう。「私」は、自分を含む他者の観点によって存在しているのです。「私」を知らない人にとって、「私」は存在しないも同じです。

数学で線と線が交差するところを点といいますが、数学で考える線に太さはないので、点にも面積はありません。しかし、点が存在しないかといったらそんなことはなく、線と線が交差する点は確かに存在します。

「私」もこの数学上の点と同じであり、他人の観点が交差するところに存在するのです。ブッダは、「私」というものをそのような実体のない存在と考えました。

「私」は、他者との関係においてのみ存在します。自分から見た自分もまた、ひとりの他者です。他者との関係が変われば自分も変わるし、自己評価が変われば自分は変わったといえるでしょう。「私」というものの得体の知れなさは、こんなところに起因するのです。確固とした「私」というのは思い込みで、「私」は常に変化し続けるあいまいな存在なのです。

「私には能力がないの？」

観点によって、人は異なる存在になります。そして、その観点はついつい固定的になってしまいがちです。「あの人はそういう人だ」という価値判断が、あの人をそういう人にします。自分から見た自分自身にも、たくさんの思い込みがあります。たとえば、「私には能力がない」という価値判断をすることで、そのような「私」を創ってしまいます。

そういう意味では「私」はたくさんの価値判断、たくさんの思い込みからできていることになります。その状態はあまり居心地のいいものではありません。思い込みは一方的ですから、本来の自分と違うと思われることもあるでしょうし、そもそも自分自身に否定的な思い込みをしているのでは、苦しい人生になってしまいます。

「本来の自分」と言いましたが、それでは、本来の自分とは何でしょう？　理屈からいえば（自分自身も含めた）他者からの固定的な価値判断・思い込みを逃れた、あるがままの自分です。自分の思う通りに自由に変化していける自分とも言えるでしょう。そのような「本来の自分」に近づいていくには、どうすればいいのでしょうか？

まず、自分に対する価値判断や思い込みをやめることです。「私」は他者との関係性の上に成り立っているのですから、自分に対する固定的な思い込みをやめれば、他者と関係性も変わってくるはずです。自分に対する思い込みをやめるだけで、他者の自分に対する見方も変わってくるかもしれません。

しかし、自分に対する思い込みをやめることは簡単なことではありません。なぜなら、その思い込みは長い時間をかけて創られてきたものだからです。最も影響が大きいのは親との関係です。たとえば、子どもの頃に親から「おまえは能力がない」と言われ続けた人は、その思い込みからなかなか逃れることができません。

それでは、こうした価値判断や思い込みをやめるにはどうしたらいいのでしょう？　考えるのをやめて、ただ感じればいいのです。

価値判断、思い込みは言葉でできています。元々、言葉というのは固定的なものの見方をラベルとして貼るように、ものごとに当てはめるものです。壁を見て、「この壁は白い」といったとたんに、その壁は隅から隅まで百%白い壁として認識されます。よく見てみると、色があせて変色してしまっていたり、汚れがついていたり、百%白いとは言えません。しかし、そうした違いや変化があったとしても、言葉では、すべて「白い」ことになってしまいます。

同じように、「あの人はひどい人だ」と言ったとたん、その人は常に百%ひどい人であると認識されます。本当はその人にはいいところもたくさんあって、ある瞬間に「ひどい人」になるのかもしれません。自分にとっては「ひどい人」かもしれませんが、別の人にとっては「やさしい人」かもしれません。

言葉を使わずに感じてみたらどうでしょう？　壁の色は窓から差し込む光の加減によって刻々と表情を変えるでしょう。晴れた日と雨の日では違う印象を与えるでしょうし、夜になって照明に照らされると、また違う壁に見えるでしょう。人もその時々で、さまざまな表情を見せるのではないでしょうか。

自分のことも、よく感じてみればいいのです。自分は親が言うように、百%能力がない人間なのでしょうか？　そんなことはないはずです。ある分野では能力が発揮できるけれども、別の分野ではうまく能力が発揮できないだけなのではないでしょうか？　そして、それは誰でも同じことでしょう。ひょっとすると、苦手な分野でも、ちょっと努力すれば克服できるのかもしれません。誰しも完璧な人間ではないのですから、苦手なことがあってもかまわないのです。そんなふうに考えられるといいですね。

仏教で「無常」というように、すべてのものは変化します。ひとつの状態が永遠に続くことはありません。時間の経過によって自分も変わり、周囲の人たちも変わり、私たちを取り巻く環境も刻々と変わっていきます。そうした変化を言葉で固定化させるのではなく、ただ感じてみれば、ありのままの状態が分かるでしょう。それが、観察の瞑想の観点から世界を見るということなのです。

思い込みの世界

観察の瞑想を続けていて分かってくることは、私たちは常に今、ここにいるわけではないということです。身体は今、ここにあるとしても、心は今、ここにいない人のことや、過去に起こった出来事、未来に起こるであろう出来事のことを考えています。それがいつも楽しい感情と共にあればいいのですが、罪悪感、後悔、不安、心配、怖れなどのネガティヴな感情と共に、望ましくない想像を続けることが少なくありません。それはあまり健康的な状態とは言えません。人間の思考には物理的な制約がないので、いくらでもネガティヴな感情を増幅させることができるからです。

こうしたネガティヴな感情と共に妄想を続けていると、視野が狭くなり、生きることの選択肢が少なくなってきます。たとえば、自殺を考えている人には死という選択肢しかありません。実際は他にいくらでも生きる道があるのに、死ぬことしか見えなくなってしまうのです。

こうした現象は、思考そのものというより思考の背後にある感情に原因があります。罪悪感、怖れなどのネガティヴな感情があり、その感情にネガティヴな思考が呼び起こされるのです。

ネガティヴな感情は、その人が生まれてから経験したことによって生じたものばかりとは限りません。その人に縁がある人、たとえば親、祖父母など家族や先祖の感情の記憶につながって、ネガティヴな感情を潜在意識に取り込んでしまうことも少なくありません。また、過去世での体験から生じた感情を自分の感情と勘違いして、特定の状況に感情的に反応することもあります。

どうして自分の中にそんな感情があるのか分からない、そんないわれのない感情は自分のものではない可能性があります。本当の自分になるには、自分の心から自分以外のものを徹底的に取り除いていく必要があります。

それにはまず、心の中にある自分のものではない感情に気づかなければなりません。縁ある他者の感情は自分と一体化してしまっているので、なかなか自分の感情と見分けがつきません。瞑想をして気づくこともできるのですが、心の中にある自分が見たくないものを見るのは、抵抗があるので分からないことが多いのです。そうした心の中にある他者のネガティヴな感情に突き動かされて、人は無意識のうちにおかしな世界を創り上げ、その世界の中でおかしなことを演じているのです。

アニカの利点は、自分の心を見る観点をいろいろな人からもらえることです。自分がおかしなことをしていてもなかなか気づきませんが、他人がしているおかしなことは、すぐに分かります。自分が「世界とはこういうもの」と本気で信じ込んでいる思い込みの世界も、他人から見るとまるでハリボテのように根拠のないものだったりします。

他人の観点を借りることによって、自分のつくりだした歪《いびつ》な世界を目のあたりにし、そのおかしさに気づくと、思い込みの世界は自動的に崩壊します。そのとき初めて、思い込みを逃れたあるがままの世界の姿を目にすることができるのです。他者のネガティヴな感情が取り除かれた心は、あるがままの自分の姿も見せてくれるでしょう。そのようにして目にした本当の自分の姿は、それまで思い込んでいたような「価値のない、ダメな人間」ではないかもしれません。

アスファルトで舗装された道路の下で、植物の種が芽を出したとしても、植物はアスファルトに阻まれて成長することができません。しかし、アスファルトを取り除けば植物は自然に成長して大きくなることができます。アスファルトは、罪悪感や怖れなどのネガティヴな感情でできた壁のようなものです。その壁を取り除いてしまえば、人はいくらでも自由に成長できるのです。

自由に考える

私たちは思い込みの世界に生きていて、その世界は言葉でできています。社会の中では、「こうしなければならない」、「こうしてはいけない」という規則に従って生きています。その規則も、法律のように守らなければ罰せられるものから、常識的なことで守らなければ非難されるものまでさまざまですが、これらの規則も言葉でできています。

それぞれの社会や文化によって、こうした規則や常識は異なります。法律も国によって違います。同じ行動であってもある国では罰せられ、別の国では許されることもあるのです。ある社会の中で「こうしなければならない」、「こうしてはいけない」と考えられていることは絶対的なものではなく、比較的自由に選択することができるものです。しかし、そのことに人はあまり気づいていないのです。

親が、「こうしなければならない」、「こうしてはいけない」と信じていることは、子どもの潜在意識に幼少時にいやおうなしにコピーされます。その情報は大人になってからも機能し続けるので、何か新しいことを考えたり実行しようとした時に必ず、親から埋め込まれた基準に基づいて判断せざるをえなくなります。理性的に考えて問題ないことでも、親の考え方に則していないと感情的な抵抗が出て、スムーズに行動できなくなります。

抵抗の本《もと》になっているのは潜在意識に入り込んだ親の感情です。その感情は、親が何かを経験した時に味わった感情が本《もと》になっています。

認知科学の研究によると、人間は成功したときよりも失敗した時に味わった感情をより強く記憶しているといわれています。その理由は、成功した経験はそのままにしておいても問題はないけれども、失敗した経験は二度と同じことをしてはならないので、強く記憶しておく必要があるからだそうです。失敗は時に生死にかかわる問題になるので、この先の失敗をできるだけ避けるために痛い思いを覚えておく必要があるのです。

通常、こうした怖れや罪悪感のような感情を克服するには、前頭葉を使って合理的な判断に基づいた行動をすればよいといわれます。しかし、恐怖の感情は爬虫類脳ともいわれる大脳辺縁系がつかさどっているので、生死の危険があると判断される場合は、前頭葉のような合理的な思考をインターセプトして（主導権を奪って）、その場から逃げ出すなどのような緊急避難的行動を最優先するのです。

現代の日本の社会において生死の危機があるような状況はそれほど多くはないでしょうが、その代わり、職場や家庭での人間関係などにより自我の危機を覚える状況はたくさんあります。そうした日常的な場での失敗は強く記憶に残り、罪悪感や怖れなどのネガティィヴな感情を創り出します。

私たちが自由に考え、自由に行動するためには、理性で優先するだけでは足りないのです。ブレーキとなっているネガティィヴな感情の記憶を心から取り除く必要があります。ブレーキをうまく外せれば、軽くアクセルを踏むだけで物事は望む通りに進んでいくはずです。

自由に行動するにはまず、自由に考えられることができなければなりません。つまり、自由とは自由に考えられる能力を得ることです。自由に考えるには、それを妨げるネガティィヴな感情の記憶を心から取り外す必要があります。心のブレーキを外すことによって、人は自由に考え、行動することができるのです。

自分のやりたいことが分からない

本当は何をやりたいのか分からないという方が最近、増えています。時々クライアントに「本当は何がやりたいんですか?」と質問することがありますが、自分のやりたいことをきちんと把握されている方はまれで、ほとんどの場合、「自分が本当にやりたいことが何だか分からないんです」という答えが返ってきます。

それはある意味、仕方のないこととも言えるでしょう。なぜなら、日本人である私たちは子どもの頃から、「~をやりなさい」と言われて、人より上手にできた子が評価されるという教育をされてきたからです。他人とは違ったものを創り出す能力よりも、一方的に出された問題の正解を当てる能力を身につけるように教育されてきたからです。それでは、「自分が本当にやりたいこと」が分からなくなっても当然です。

しかし、「本当にやりたいこと」がないわけではありません。それは絶対にあるはずなのです。ただ、社会から教え込まれたさまざまな考えが邪魔をして、見えにくくなっているのです。

では、「自分が本当にやりたいこと」を見つけるにはどうしたらいいのでしょう?

まずは、「自分の思い」と「社会から教え込まれた考え」を区別する必要があります。社会から教え込まれた考えとは、「~しなければならない」、「~してはいけない」、「~するのは良いことである」、「〜するのは悪いことである」といったような社会で生きていくための行動規範や価値観が含まれています。こうした行動規範や価値観は子どもの頃から心に刷り込まれてきたため、私たち自身の思いと見分けがつかなくなっています。当然、従わなければならないことと信じているので、客観的に吟味することが難しいのです。

たとえば、「人と争ってはいけない」という考えが心に刷り込まれているので、怒りの感情が湧き上がってきてもなかなか表現することができません。「男が泣くのは恥ずかしいことだ」という考えが心に刷り込まれている男性は、なかなか人前で素直に泣くことができません。

このように社会により心に刷り込まれた考えは、人が本来、自然にしたいことを抑圧する働きがあります。もちろん、そのことによって犯罪を未然に防いだり、人間関係のトラブルを避けたりすることがあることも事実です。

しかし、そもそも社会から教え込まれることは文化の違いによって大きく異なります。ある国では常識と思われているようなことが別の国では非常識なことである、というのはよくあることです。宗教の違いによって食べるものも服装も異なります。したがって、自分の思いが特定の社会から教え込まれたことと矛盾することは十分ありうることです。

社会から刷り込まれたことと自分の思いとを区別して、「自分の思い」を優先してもかまわないのです。

なぜか仕事がスイスイと

自分自身に対するネガティヴな思い込みが、能力が自然に発揮されるのを妨げている場合があります。そこには無価値観、罪悪感、怖れなどの感情が強く渦巻いています。アニカでこうしたネガティヴな感情を取り除くだけで、人は自然に自分の能力を発揮できるようになります。本来、人間は誰もがすぐれた能力を持っているのです。

ここでは、アニカによって本当の自分を発見した方々の体験談をご紹介しましょう。まずは、30代の女性、Aさんの体験談です。

アニカを受けてから3日目の月曜日のことです。

その日は仕事でした。その頃、新しい仕事も任されそうになり、しかし、その前週までに準備ができていなくて、モヤモヤ、イライラしていたのですが……ウソのようにスイスイできて、驚きました！「どうしてこんなにスイスイできるの、私!?」と驚きながらも、当たり前のようにこなしていく私がいました。正直、本当に前週まではうまくできなかったのに……。そして、さらにもうひとつ驚きが！

私は、会社での自分の在り方に悩んでいました。自信の無さから「私は役に立たない。ゴミ捨てくらいしかまともにできない。誰からも必要とされてない」などと毎日、考えていました。でも、そんな思考が全く浮かばなくなったんです。会社でも自宅でも、どこにいてもそういう考えが浮かばないんです……。あんなにフラットな感覚は初めてでした。

スラスラと仕事が進んでいくことについても……以前の私だったら調子に乗ってしまうところでした。でも、とても謙虚な気持ちでいられたのです。「これが心の汚れが取れた状態なんだ！」と思いました。

こーいちろーさん、本当にありがとうございました！ この状態の維持に務めます！

ウニヒピリ（インナーチャイルド）の出現

私にはイメージというものはほとんど見えませんが、アニカを受ける女性たちは非常に豊かなイメージが見える方が多いようです。おそらくイメージは潜在意識の言語のようなもので、人によってさまざまな表現がなされるのではないかと考えています。

ヨガインストラクターのAさんの体験談をご紹介しましょう。Aさんが見たイメージは特別なものと言えます。脳内会議をしているネガティヴ担当が消えたあとに、大きな木の家で瞑想をしているウニヒピリ（インナーチャイルド）が現れます。本当の自分とのファーストコンタクトを、これほど美しく体験する方は少ないのではないでしょうか。

ちなみに、「アッギャとサハスラーラ」というのは、眉間と頭頂のチャクラです。Aさんの話によると、喉のチャクラから下はハタヨガ（注：ポーズと呼吸法を中心とするヨガ）で開くのだけれど、それ以上はラージャヨガ（注：瞑想のヨガ）の領域で瞑想によって開ける、ということです。

今日はこーいちろーさんのお宅で、アニカを受けてきました。これで2回目です。というか、前回のセッションの続きでした。

なぜそうなったかというと、前回のヒーリング中に私が逃走したためです（笑）。ウニヒピリ（インナーチャイルド）や潜在意識がもうすぐそこまで出てきそうで、それがあまりにも今までの自分を支えてきた理性に反していたので怖かったのでしょう。

でも、かろうじて次に受ける日を決めておきました。その間は3週間。その間にヴィパッサナー瞑想を学び、自分でやってみたりして、瞑想合宿に行く手続きも済ませ、だいぶウニヒピリに会う準備が整ってきました。

そして、今日。前回は2時間強かかっていたので、「今回も長丁場かなぁ」と思っていましたが、90分ほどでした。その間に起こったことが面白くて、嬉しくて、声を上げて終始、こーいちろーさんと二人で大笑いしていました。

（まず、「体感レベルでの第一段階」の反応です）

ムラダーラチャクラ（仙骨および会陰部）からヴィシュッディチャクラ（喉）までの浄化反応は体感済みで心地良かったのですが、アッギャチャクラからサハスラーラチャクラは未体験ゾーン。

私が学んでいたヨガはハタヨガとラージャヨガのミックスで、ハタヨガによってムラダーラからヴィシュッディは結構本気でやれば、だいたい開きます。難しいのは、アッギャとサハスラーラ。これらはラージャヨガでしか開けません。ラージャヨガで扱っている瞑想をひたすら行います。ヨガのティーチャートレーニングで学んだ2年間、それがどうしてもできなかった。一週間断食をした時は少しできましたが、すぐに消えました。

その未体験ゾーンに、開始15分足らずで到達！　ちょうどこーいちろーさんがアナハタチャクラに触れていた最中に、アッギャチャクラ周辺がじんわりと震えてきて、脳全体に波動が行き渡っていきます。そして自然に、頭がゆらゆら揺れていく。カクカクカク……はじめはゆるやかに。

こーいちろーさんが深く呼吸していくと、息を吐いている時間分、細かく私の頭が揺れる。これがアッギャとサハスラーラが浄化されていく反応なのだな……。

（そして、「意識レベルでの第二段階」）

アッギャチャクラ周辺がじんわりとし出した頃、はっきりと見えました。私がなぜ、今まで恐れ、悩みを抱え、苦しんでいたのか。私の頭の中に何人も自分がいて、いつも脳内会議が開かれていたからです。同じ話題を何度も何度も、「あぁでもない、こうでもない」と騒ぎたてる。その中で一番どぎつい存在が、ネガティヴ担当の自分。こいつがものすごくしつこい。もう済んだことをわざわざ掘り起こして、愚痴や罵倒をし続ける。

一番タチが悪いのは、怒りを掘り下げ、怒りの原因を分析するところ。「もういいじゃない、あの時のことはずっと前に済んだことだよ」。そういう思いとは裏腹に、何度も何度も思い起こさせる。だから、一度起こったショックな出来事が頭の中で何度もリピートされて、何百、何千回もそのショックな出来事を体験したような疲労感があった。

でも、今まではそんなネガティヴ担当の自分が好きでもあった。怒りをリピートするのが快感だったから。怒りを分析して、今度会ったときはこうしよう、ああやって言い負かせてやろう、こう論破すれば勝てる、などと考えて悦に入って喜んでいました。そのネガティヴ担当の自分が、アッギャチャクラがジワーンとし出したあたりから、急に痙攣し始めたのです。他の自分は分からないけど、そいつだけすごいブレてる。それをただ見ているだけで、「いなくならないで!」とも思わなくて、「今までありがとうね、もう大丈夫です」とだけ言っておきました。……というところまでが、物質世界での反応でした。前置きです。

（そして、「魂レベルでの第三段階」です）

いつもなら、このあたりで深い眠りに入ってしまうのですが、今日はずーっと意識がクリアでした。そして、私の頭の中の自分が脳内会議している部屋の奥に、大きな樹の根が見えてきました。ドアがはめ込まれていて、表札があります。ツルンとした白くて分厚い石の表札には、明朝体の黒字で「ウニヒピリ」と書いてありました。しかも縦書きで。あらぁここにいたのかぁ、せっかくだから、もう少しよく見てみよう。なんだかワクワクするなぁ。

ドアの横には窓がありました。窓の中から外に向かって、ものすごい光が漏れてきています。早朝の森の中に射す朝陽のような強くて優しい光です。この中にいるんだな……。

なおも観察を続けていると、いつのまにか「ウニヒピリ」さんの部屋の中にいて、綺麗な膝を見ていました。スラっとしていて、パドマーサナで座っています。どうやら座位のまま瞑想中のようです。どんどん全体像が見えてきました。シルクの真っ白な綺麗なドレスに身を包み、髪が茶色でフワフワしていて、瞳が髪の色と同じ優しい茶色で、口が小さくて、肌は滑らかで白いのに、頬はほのかにピンクがかっている。

それから、彼女がここでどんな生活をしているのか、いろいろ見ることができました。食事は脳内会議の人たちが交代で作って、部屋に運んでいます。ネガティヴ担当の人のご飯はあまり食べたくないけど、お腹が空いているから、仕方なくウニヒピリさんがフ～っと息を吹きかけて、きれいにしてから食べています。食べる時もお茶を飲む時も、いつだって瞑想しています。食べている時の顔が可憐です。

でも、この時点で疑問が湧きました。彼女はなぜ瞑想し続けているの？ 答えはシンプルでした。それは、いつか私に出会った時、できる限り至高の状態であるためなんだ……。そのことに気づいた時点で、ひと通りアニカは終了しました。

こーいちろーさんに「今、どんな感じですか？」と聞かれたので、「ウニヒピリが大人である場合もありますか？」と質問し、ひと通り第三段階までを説明して、また二人で爆笑しました。「それ、ウニヒピリっていうより、ハイアーセルフって感じだねぇ」とこーいちろーさんは言いました。

ウニヒピリさんが部屋を出た時、脳内会議の人たちの役目は終わります。もうウニヒピリさんのお世話をしなくていいからです。そして、近いうちに私と出会う……。そんな気がしてなりません。

自分で「自分の価値を決める」

アニカマスターコースを体験したアーティストのMさん（女性）の体験談もご紹介しましょう。

彼女が参加したのは初期のマスターコースで、まだテキストもなく、講義もほとんどせず、ただ感じることからアニカ体験を築いていきました。「アーティストなのに自分の感覚を信じていない」という衝撃の気づきを得てから、Mさんの作品はとてもカラフルになっていきました。

参加前はいろいろな講義とかあるのかと思っていましたが、参加してみると実践だけだったので、拍子抜けしました。それもあまり解説がなさすぎて、とまどいました。のちのち結果が出てきて、それが非言語ツールであるということが分かるようになったら納得しましたが、最初はこんなんでいいのだろうか？　という感じでした。

自分は瞑想して手を当てているだけなのに、された人の心に何かが起こるという現象は「なんでだろ？」と全く分かりませんでした。対面アニカは身体に手を置いて行うのですが、いつ終了したらいいかは各人の感覚に任されています。その感覚を自分でつかむために、全神経をそこに集中することになります。それは誰かの定めた基準に沿ってではなく、ひたすらに自分の感覚に忠実になること、それが大事なのです。しかし、やってはみたものの、最初はいろいろな人の感想を聞いて右往左往するばかりでした。

「他の人みたいに言葉が降りてこない」、「手も含め身体が温かくならない」、「変わったビジョンが見える」、「インナーチャイルドという存在が分からない」など違いばかりが目に付き、正しい答えを見つけようとしてみましたが分かりません。

ある受講生が「自分で感じたことは誰がなんと言おうと、全部、自分の内部で起こっていることだから真実なんだよ」といっているのを聞いて、そうなのかと納得しました。

それ以降、遠隔アニカの練習で感じる、身体がバラバラになったり、溶けて戻っていくとか、そういう感覚も含めて信じることにしたのです。信じてみたら、楽しくなってきました。初めは何も感じなかった、手に伝わる波動のようなものや、その人の感情や痛みを感じられるようになってきました。それを言葉に出すのも怖くはなくなりました。

気づいたのは、「今まで自分の感覚を全く信じてこなかった」という驚愕の事実でした。驚愕というのは、自分が感覚を売りにしている仕事をしていたからなのです。仕事の中ですら、自分の感覚よりも他人の感覚を大切にしていたのです。フリーで仕事をしていても息苦しかった。自分自身の感覚に信頼を置けなかったのです。

自分のカラーで仕事ができる人は、人気のある人だと思っていた。自分は暗くて重い質感だから、人には認められないし、自分のカラーで仕事ができないんだと思っていました。自分のWebで作品を出してはいたけれど、そこにはいつも「どうせ暗いし、認められないだろう」という失望感が漂っていた気がします。ずうっと「うち捨てられたもの」に親近感を持っていました。誰かの価値基準で生きていて、自分を生きていなかったと思うのです。自分を大切にできなかった。

勧められた瞑想の本を読んで、「まず、自分の幸せを祈ってください」って書かれていたことに驚きました。「え？　そうなの？　そういうことなの？」。驚きで、目が点でした。

ボランティアに行っては体調を崩す私に、友達は「早くやめなよぉ」と言ってくれていたのですが、頼られると嫌《いや》でも行ってしまう自分がいました。他人の心配より、まずは自分から。自分が幸せにならなければ奉仕する余裕など生まれない。それに気づいて、まずボランティアを断りました。罪悪感による自己犠牲、自分は幸せになってはいけない。誰かのためにがんばらないと自分を認めてもらえない、愛されない。自己否定、自己不信。それがずうっと自分の中にありました。

マスターコースも終わりかけた頃、自分の奥底……深い海の底に、「無価値」という感情がひっそりと沈んでいるのを感じました。あまりにもひっそりとして自分と同一化していたので、気づかなかったんです。「こんなのがあっては、なかなか自分を愛せないわけだな～」。そのひんやりした感覚をもう一度味わって、手放しました。

そのあと、急に母親との関係を思い出して来ました。私はずうっと父との関係が悪かったのですが、それは母親の「父に対する気持ち」の刷り込みだったのです。母は父と離婚したかった。でも、お金の問題で離婚できなかった。母は味方が欲しかったんでしょう。私は結婚観も男性観もお金に対しての考え方も母親似なんですね。当然、体型や体質も。笑っちゃうくらいの人生の大発見でした

マスターコースが終わったあとに、もうひとつ「自分で自分の価値を決める」ということの大切さに気づきました。私はずうっと、誰かに自分の価値を決めることをゆだねてきていたようです。それは、学校にいる時から植え付けられてきたものだと思います。

アニカをする方もされる方も気持ちがいいのは、アニカの最中は自分自身としっ

かりつながれるからだと思います。それを感じたのは、瞑想しているとなぜかエクスタシーを感じちゃうところです（笑）。無になるという人もいますけど、それはいろんな後づけの価値観がとれた状態なのだと思います。そのあとは気持ちがいいばかり……。

私の場合は自分自身とつながると、すごく気持ちがいい。そういう「気持ちいい感覚」にいてもいいんだ、ということを自分に許すことができたということが大きい気がします。

心の暗闇は幻想

現実世界での自由は、「心の自由」を得ることで実現されます。自由になれないのは、強い思い込みで自分を縛っているから……。そのことに気づければ、心の自由を得る道が開けます。

次に、シャンティさん（注：ペンネーム）の体験談をご紹介しましょう。彼女と初めてお会いしたのは、アニカを始めた直後の2011年の初冬でした。アニカの施術も終わりかけて子宮を感じている時にシャンティさんは思いっきり泣き出しました。その後、一緒に食事に行ったのですが、その時は二人で大笑いしました。

私がアニカに出会った4年前。もう思い出せないくらい遠い記憶ですが、たぶん私は病んでいました。

頭には五百円玉の2倍くらいの円形脱毛が二つもでき、それでも何とか会社に行って、一人で子どもを育てる生活をしていました。心も体も「忙殺されていた」のではないかと思い返しています。

勤めていた会社は倒産寸前のところをなんとかすり抜けていましたが、会社更生法が適用され、社員はみな罪悪感の塊みたいな気持ちで毎日を過ごしていたと思います。イライラが蔓延し、社員同士が疑心暗鬼になり、笑うことを忘れていました。

そんな時、たまたま見つけたブログで、ちょっと興味を持っていた『ホ・オポノポノ』の記事を書いていらっしゃる人を見つけました。読んでいると何とも面白いんですね。そのブログを書いていたのが、アニカを始める直前のこーいちろーさんでした。

ある年の11月の寒い日。大阪に来ることになったこーいちろーさんから、始めたばかりの「アニカヒーリング」を受けました。会ったこともない人を訪ね、経験したこともない「ヒーリング」なるものを受けるなんて、それまでの私にはできなかったことです。あの頃は状況を何とかしなければならないという思いさえ湧かないほど病んでいました。にもかかわらず、足が向かったのは今でも不思議な気がしています。

その日、ヒーリングが終わりに近づいたとき、何の前触れもなく突然、目をつぶった暗闇の中で、グルグルと目が回り始めました。と、私のおなかをポンポンとやさしく触れ、クルクルの髪の毛の小さい女の子が現れ、「我慢しないで泣いてもえーよ」と言うのです（目に見えたのではなく、映画のシーンのように頭の中に場面が浮かびました）。その直後から、私は1時間近くも号泣してしまいました。初対面の人の前で号泣というのは考えられないことですが、鬱積していた思いが溢れてきて、自分がいちばん驚いていました。その日は電車に乗って帰る途中、車窓から外の暗闇を見て、私は静かに笑っていました。

次の日から世界が変わっていました。会社も人も友だちも……。会社は新しい事業を得て復活し、私の周りにも笑顔が戻りました。未回収の債権も大きなところから片付いていきました。自分が世の中に向けた視線のその先にあったのは、真実ではなかったことに気づき始めました。歪んだレンズで見ていた世界は、ありのままではない人やモノを映し出していることが分かりました。心の世界をそのまま反映した幻想がそこにあったことに気づけるようになると、「あぁ、全部、私だった」と思えたのです。

アニカを体験し、そこから自分もヒーリングができるようになった時、得体の知れない、すごい怒りや怖れが次第に薄れていきました。ペースがゆっくり過ぎて、好きなことにしか関心を向けようとしない、あまり愛想のない本当の自分を許せるようになりました。「敏感すぎる」のひとことで封印されていた、「ただ心で感じる」という小さい頃から感じていた感覚を取り戻すことができました。

私の脳に張り付いていた、たくさんのフィルターがはがれ始めました。信念や観念、価値観が落ちていったのだと思います。自分の思考の癖が客観的に見えるようになりました。そして、ふと思ったんです。

「私は本当に無条件に子どもを愛していたでしょうか?」。必ずしもそうではなかった、と気づきました。条件付きで子どもを愛していたような気がして、罪悪感にかられました。私は生まれてからずっと洗脳されていて、親や世の中からコピーした価値観をそのまま自分に当てはめ、どうにかそこに収まり、実は子育てなんてちっともしていなかったことに気づきました。

それから、本当の自分を知り、本当の心の自由を得る道を見出そうとするようになりました。ずっと小さい頃から漠然と、何かの折にそうなりたいと思っていたことを一生のライフワークにしようと始めた途端に、私の子どもも本当の意味で彼女自身の道を歩き始めてくれました。心からやりたいと思う方向に彼女の道が開けていくのを見ていて、「やっぱり全部、私だった」、そう思いました。

脳のメカニズムのことは分かりません。ヒーリングの本当の意味も分かっていないかもしれません。今でも起こったことに心をとらわれ、へこんで落ち込むこともあるし、全然うまくいっていない気がすることもあります。でも、アニカ（無常）……。それがずうっと続かないことも知っているから、お先真っ暗もウソだと知っています。ただ、確実に感じているこの心はつながっていて、一人だけ幸せということもありえません。

心の暗闇だと思っているものは、実は幻想だと思えます。その暗闇は私だけのものではないことを知った時、「孤独は存在しない」、「平和が必ずそこにある」ことに気づけました。

私のペンネームはShanty（平和、静寂）です。それは、アニカから生まれました。ひとりではないという大きな安心感のもと、それぞれが自由に安らかに生きていける世界であるよう、これからも私は、言葉を紡《つむ》いで世界に投げかけていきます。

「家族と時間を過ごす」ことが最優先に

２０１５年の４月と９月、パリでアニカのワークショップを行いましたが、ここで紹介するのは、その時に通訳として手伝ってくれた男性、Ｒ・Ｋさんのアニカ体験談です。

Ｒ・Ｋさんはフランス人男性と熊本生まれの日本人女性との間に生まれ、現在は熊本で通訳や翻訳の仕事をされています。最初はアニカに興味はなかったのですが、奥様の体験を知ることでアニカの効果を信じるようになり、自分でアニカを受けたあとはいろいろと良いことが起こってきたそうです。

アニカと出会ったのは２０１４年の12月でした。瀧上先生が２０１５年の春にヨーロッパでセミナーをすることになっていたので、資料翻訳のために私に連絡が来たのです。

打ち合わせの時にアニカの話を聞き、その効果を疑うことも信じることもなく、翻訳を依頼されたお客さんとだけ思っていました。しかし先生は、「翻訳の内容をより良く理解するためにアニカを受けませんか?」と私に聞いてきたのです。

効果を疑ったりしてはおらず、しかし信じようという気もあまりありませんでしたが、「気分の波が激しい妻なら受けてみたいかも」(笑)と思って、妻に訊ねてみました。妻は受けたいと言うので、数日後、瀧上先生に家に来ていただくことになりました。

妻が布団に横になり、瀧上先生が手を当ててアニカを始めました。すると、手を当てているだけなのに妻が苦しそうになり始め、見ているうちにますます息苦しそうになっていきました。しばらくすると妻の目から涙が出始め、私が聞いたことないような声で「ありがとう」と数回繰り返しました。それを見て私は、アニカの効果を確信しました。アニカが終わったあと、妻はすっきりした様子で先生にすごく感謝していました。

あとで妻に聞いてみると、「大好きだったお祖父さんの死をなかなか乗り越えることができずにいたけど、アニカを受けていると笑顔のお祖父さんのイメージが現れ、それまで溜まっていた悲しみから初めて解放されたことをとても強く感じた」そうです。その後、妻は子育てなどでイライラすることも感情の波もほとんどなくなり、今はとても幸せそうです。

私も気になり、アニカを受けてみようかなと思い始め、先生にお願いしました。実は私は悩みらしい悩みは特になく、どちらかというと前向きな性格です。ですから、アニカを受けても妻のような激しい反応はないだろうと思っていました。実際、アニカを受けてもその場では何も感じませんでした。「やはり前向きな性格の私のような人間にはあまり効果が出ないんだな」と思いました。

しかし、実はアニカを受ける一週間前に仕事上でとても不公平でいやなことがありました。気にしないようにしていましたが、アニカを受けてまもなく喉が痛くなり始め、そのいやなことを考えずにはいられなくなりました。眠れないぐらい気になり、怒りとイライラがどうしても抑えられない状態が続きました。喉の様子が変でずうっとつまった感じでしたので、最初は風邪かなと思いましたが、病院の医師からは喉は正常だと言われました。1カ月経つとその状態が落ち着いてきて、喉がやっと良くなった時、怒りも収まっていきました。

あとから分かったのですが、その状態が妄想の状態で、おそらくアニカを受けたあとで潜在意識の中の感情が表面化してきて、しばらくしてから処理されたようです。

その後、妻同様に私もイライラすることがほとんどなくなり、以前に比べてずいぶん冷静になったと思います。

アニカを受ける前は、家族を養うためにも「働いてお金を稼ぐ」ことが最優先だったのに、アニカ後は価値観が変わりました。お金を稼ぐよりも、「家族と時間を過ごす」ことが今は最優先になっています。

以前は将来が不安で、とにかく頑張ってお金を稼ごうと思っていましたが、今を楽しむことが大事だと思うようになりました。そのことを瀧上先生に打ち明けると、「それはあなたが〝無常〟を意識するようになったからだ」と言われました。私は「まさにその通りだ！」と納得しました。今を優先するようになった私には、あれからいいことがたくさん起きているような気がします。間違いなくアニカのお陰だと思うのです。

潜在意識のデザイン

次にご紹介するのは、福岡県小倉市在住のブランドプロデューサー、心恵《しんえ》さんの体験談です。パリつながりの縁なのですが、彼女はデザインもヒーリングもできる多彩な方です。

私は四半世紀、デザイナーをしています。その時代が求めるデザインをする、新しいものは何か？ 常にそこに心がフォーカスされています。

アニカの瀧上さんと出逢い、差し出された名刺を見ると、ロゴマークの下に〝The Art of Healing〟とあります。「HealingにArtのアプローチがある!?」

私も、1990年代にはデザインの仕事をしながらヒーラーの仕事もしていました。クリエイティヴィティが発揮されるためには、心と身体が緊張のない自由な状態で、自分に愛情を持っていることを実感できていることが必要で、それにはいやしの手法がコツになることを知っていました。創造の泉が枯渇しないように、Artのためのセルフヒーリングを行っていました。ですから、瀧上さんの名刺を見てアニカに興味を持ったのです。

2週間後、アニカのセッションを受けることになったのですが、その間、自分が実現したいと考えていることに関連する情報が少しずつ入ってくるようになっていました。つまり、アニカを受ける前からですね。

そして、アニカのセッションを体験しました。セッション中、首と両手がポッと熱くなりました。身体は体感しているのですが、意識は遠い場所に行き、また今いる部屋に戻ってくるという感じでした。後半は、意識も無くポッカリとしている、何も無いことを俯瞰《ふかん》して観ている、つまり〝空《くう》〟の状態のようです。そして、セッションは終わりました。

「喉が反応したのは言いたいことが言えないからかもしれない」と瀧上さんに言われました。私は伝えたいことははっきり言う方ですので、少し意外でした。ただ、親しい人に頼まれると余裕がなくても「ノー!」と言えないこともありました。自分で嫌気がさしてるところが、潜在的に引き出されたのだと思いました。

アニカは言葉を使いません。そこはかなり斬新です。だって、潜在意識の導きワークで最もスタンダードなヒプノセラピーは、言葉を使うことが中心なのですから。

そして、セッション中に〝空〟になったのですから、いわば瞑想に近い状態です。これが瀧上さんのいう「強制的に瞑想に入る」ということなんだと思いました。ちなみに、私は瞑想が苦手です(笑)

セッション後、本当に心地よく脳がクリーンというよりピュリファイ(清浄)されて、すっきりと爽やかな状態になったのを覚えています。

そして、次の日からは快進撃です! 止まっていた案件の情報やつながる人が現れてきたのです。それは、アニカを受ける前からの情報とつながっていました。未来の意識をキャッチして、すでにスタートしてたということですよね。

実現したいことが潜在意識のクローゼットに格納されていて、そのクローゼットのいろいろな引き出しから出したものを、組み合わせて使い始めました。気がつくと、「これで潜在意識をデザインできる！」と実感していました。それは強烈な発見でした！

私の潜在意識のクローゼットに入れてあった、アニカの名刺のキャッチコピー、その名のとおり、"The Art of Healing !" それを今、私は実感することになったのです。

心恵さんも語っているように、潜在意識の中にある自分のものではない信念や感情を手放し、自分の純度を上げることにより、「人はクリエイティヴィティを十全に発揮できるようになる」と確信しています。今後、アニカを使ったクリエイティヴィティ開発のコースができるかもしれません。

❇
❇
❇

自分自身に対するネガティヴな思い込みが、能力が自然に発揮されるのを妨げている場合があります。そこには無価値観、罪悪感、怖れなどの感情が強く渦巻いています。アニカでこうしたネガティヴな感情を取り除くだけで、人は自然に自分の能力を発揮できるようになります。

本来、人間は誰もがすぐれた能力を持っているのです。

第4章

家族のいやし

悩みの本《もと》は何？

人生の中で起こるさまざまな問題を解消するには、家族のいやしが欠かせません。自分の悩みをよく考察すると、その悩みの本《もと》となっているネガティヴな感情（無価値観、罪悪感、恨み、妬み、怒り、悲しみ、さびしさ、恐怖など）に、思い当たる原因がないことがあります。

たとえば、ある女性は子どものときからずっと感じていた、「わけの分からないさびしさ」が母親のものであることに気づきました。ある男性は、「自分の中にある女性への怒り」が父親のものであることに気づきました。またある女性は、「父を憎んでいた気持ち」が母のものであることに気づきました。

自分の中にあるわけの分からない根強い感情が、自分のものではなく実は親のものだったということはよくあることです。子どもの時から親の苦しみを身近で感じているうちに、その苦しみを自分の心に取り込んでしまったのです。

人は社会の中で何らかのネガティヴな経験をして、その時に生じたネガティヴな感情を味わいながら、その経験を乗り越えて人生を進んでいきます。しかし、人間は共感する能力を持っています。子どもは親と生活しながら親の感情に共感して、その感情を心に取り込んでしまうことがあります。そして、その感情が原因で大人になってから親と似たような経験をすることがあるのです。

人は誰でも、「世界とはこのようなものである」と信じていることがあります。その本当らしさは感情で裏打ちされています。「私には価値がない」という信念は「私には価値がない」という強い苦しみの感情を伴っていて、その感情が信念に現実らしさを与えています。もし、その苦しみの感情がなかったら、「私に価値がないのであれば、新たに創ればいいではないか」と冷静に考えることができるでしょう。しかし、そこに強いネガティヴな感情があると、いくら頭で考えてもその信念を変えることが難しいのです。

私たちは、親が「世界とはこのようなものである」と信じていた世界観を、その世界を生きた感情と共にそのまま受け継いでいます。親たちもまたその親からの世界観を受け継いでいます。つまり、私たちは家系の世界観を代々、継承しているのです。

もし、自分が生まれてから経験したことでネガティヴな感情が生じたのであれば、それは自分で乗り越えるしかありません。しかし、そのネガティヴな感情が自分のものではなく、親や祖父母、それ以前の祖先のものであったら、そこまでさかのぼってネガティヴな感情を処理しなければなりません。自分の心の中にあるわけの分からない感情を消すには、その感情のコピー元までさかのぼって処理する必要があるのです。つまり、「私」の心は家族とつながっていて、さらに言うならば家族とはひとつの心のことなのです。

ここでは、アニカを受けて家族関係が改善した事例をご紹介します。特徴的なのは、必ずしも家族全員がアニカを受ける必要はなく、家族の中のひとりが受けるだけでも家族全体がいやされる場合があることです。

どのような仕組みでそのようなことが起こるかというと、おそらく潜在意識のレベルで家族の心がつながっているからでしょう。ひょっとすると、「家族は私たちの心の中にいる」といった方が当たっているかもしれません。

「母が謝ってくれた……」

まず、ご紹介するのはアニカマスターコースに参加したHさん（女性）の体験談です。東京のアニカマスターコースはいつも週末に行われるのですが、その直後の月曜の朝の出来事だったそうです。

朝起きてすぐ、母と大喧嘩をしました。いつもなら「もういいから！」って途中でシャットアウトされて話にならないので、私もあきらめていたのですが、その時は思ってたことを言っちゃった……。

するど、20年ほど前に母が私にしたことで、（私が）根に持っていることを謝ってもらえて、何かほどけたような気持ちです。「いつか謝らなくてはと思っていたけどきっかけがなかった。自分が親に進学させてもらえなかったからあなたに勉強を押しつけた。あなたが良かれと思ってやったことを馬鹿にした」ことなど、母が覚えていることを謝ってくれたのです。

今まで、謝ることなんてなかった母からそんな話を聞けたことに驚き、何かいやされました。最低限の会話ぐらいしかしない親子の関係が変わっていくかもしれません。謝ってくれただけでも十分だったのに、「親子関係が歪んだものになってしまったと思っていた。これからはいい関係を築こうね！」って……。母がそんな前向きなことを言うのには本当に驚いたけど（笑）、嬉しかったなあ。これからは、もっと自分も変われる気がします。

この報告のすごいところは、お母さんが自分から謝ってくれたことです。しかも、20年も前のことを……。お母さんもずうっと気にかかっていたのでしょう。

アニカでは、何十年も変わらなかった家族との関係が劇的に改善されたという報告がいくつもあります。どの方も、自分の心を変化させることで家族関係が変わったことを実感されています。

家族を変えるのに、その人に何かしてもらう必要はないのです。すべて自分の意識を変えるだけで、自分も家族も良い方向に変化していくことができます。なぜなら、家族は自分の心の中にいるからです。

「私は愛されている！」

私たちは普段、日常生活の中で自分のさまざまな感情を表現することをおざなりにしています。時間や空間という制限のない心の中には、何十年も前に表現されなかった感情が残っていて、現在の生活やものの見方にさまざまな影響を及ぼしていることがあります。

アニカは、こうした置き去りにされた感情をもう一度感じて解放する手助けをすることで、ものごとの本当の姿が見えるようにしてくれます。

札幌でのアニカ集中体験コースに参加したJさん（女性）の体験談をご紹介しましょう。

こーいちろーさん、おはようございます。今頃は東京へ帰られているところでしょうか。札幌はいかがでしたか？　満喫していただけたでしょうか？　私が住んでいるところは晴れてはいますが、もう秋の気配を感じる気温です。

さて、私も初めて自分で運転しての札幌行きでしたが、とてもとても楽しい1日を過ごせました。お友達と会えた喜びもありました。でもやはり、アニカを体験できたことは私の人生の中で大きな喜びと変化をもたらしてくれていると感じます。

まずは、こーいちろーさんに対面アニカをしていただいた時のことです。最初に浮き上がってきた感情は、「悲しい」、そして「惨め」だったと記憶しています。とても情けなくて悲しくて、涙が出てきました。自分でもいろいろな経験をしてきたとは思っていますが、今はそんなことは気にせず楽しく過ごしていたつもりでしたので、悲しい、惨めという感情が溢れてきた時は、涙を流しながらもとまどいがありました。私にとっては驚きの感情でした。「私の根底には、まだこんな感情が渦巻いていたのか……」と。

次に溢れてきた感情は、「つらい」でした。それは、今の生活や仕事のことだと思いました。明るく、日々仕事に励み、毎日を楽しく過ごしていたつもりでしたが、「やはり、つらいのか……」と思いました。

最後に溢れてきた感情。それは、私の人生で一番必要と思い、でも満たされていないと思っていた感情、「愛されている」でした。次から次へと私を愛してくれている人の顔が浮かび、嬉しくて、ありがたくて、ビックリして、涙が止まらないどころか、声をあげて泣いてしまいました。

主人の愛、両親の愛、子どもたちからの愛、妹からの愛、友だちからの愛。「ああ、私はこんなに愛されていた！」と感じて、体がしびれるほど嬉しく、泣いてしまいました。

そして、こーいちろーさんと一緒に私に遠隔をしてくださっていた女性も泣かれていたのですが、お話を聞くと、母方の女性の先祖の悲しみと、私の妹の悲しみが感じられたそうです。

その後、私と一緒に今回のワークショップに参加されていた女性に対面アニカしていただいたとき、妹に対する私の言動が、妹や私たちの親を悲しませていることに気づかされました。「こんなに私を愛してくれているのに、私は何をやっているのだろう……」。申し訳なくて涙が流れました。そのあとも、「愚痴や悪口を人様に言うものではないな」、「自分も後悔するし、周りにも嫌な思いをさせているんだな」と気づきました。
そして、自分がアニカをする側だった時は、相手の方が求めているもの、愛情、悲しみなどが感じられたのではないかと思っています。
私にとって大変に貴重な体験でした。涙を流すなんて、ましてや声をあげて泣くなんてことは何十年もないことでしたから、終わったあとには気持ちが軽くなり、スッキリしていました。これからも自分なりにアニカを続け、できればセラピストやトレーナーを目指せたらいいなと思っています。

（Jさんはその後、ご主人に自宅でアニカをした体験談も送ってくれました）

こーいちろーさん、こんにちは。ご報告です。あれから私なりに、主人に何度もアニカをしています。初めは何も感じなかったのですが、ずっと人生を共にしてきたので、自分の思考かもしれないのですが……、この人はずうっと孤独だったのだなぁ、と感じました。そして、長男が生まれた時にとても喜んだこと、この上なく家族を愛していることが分かりました。この文章をパソコンに打ち込みながら私の目からは涙が溢れています。私はそんなに涙もろくはなかったはずなのに……。とてつもなく深い深い愛情を感じたのです。

主人は普段から感情をあらわにする人ではないので、私は気がつきませんでした。こんなにも愛されていたなんて感無量です。主人には私がアニカをしていることは伝えていないのですが、特にいやがりもしませんし、呼吸も穏やかになり、スヤスヤと眠ってしまいます。主人が心も身体も楽になるのなら、これからもアニカを続けていこうと思っています。

主人に対して、「泣いてもいいんだよ、つらかったね」と私は感じていました。「一人で苦しんで、がんばってきたね」と。でも、そばに私たち家族がいたから頑張れたんですね。「文句ばかり言ってごめんなさい。これからもよろしくね」と改めて思いました。「20年の月日は長いけど、とても短かった。でも、私はこれからもずうっとずうっとそばにいるからね」というのが、主人に対して浮かんできた感情でした。

私はやっぱり幸せでした。これからもたぶん、ずうっと……。

「ママも大好きだよ！」

お母さんの心にある怒りやイライラはご自身のものだけではなく、自分の親、祖父母、それ以前の先祖の感情記憶から影響を受けていることがあります。不都合を体験している当人だけではなく、家という単位でネガティヴな感情記憶を処理すると、さまざまな面で良い効果が得られます。

アニカマスターコースのアシスタント、谷津絵美子さんの子育てに関する体験談をご紹介しましょう。

子育てで最もきつかったのは、自分でも持て余している強烈な怒りのエネルギーが、しばしば子どもたちに向いてしまうことでした。

わけの分からない怒りに翻弄されていることを自覚したのは、まだ20代の頃です。大体は生理前に突然やってきて、恋人に対してとても攻撃的になり、大喧嘩をしていました。嵐が過ぎ去ると謝って反省するのですが、自分では制御できないので、毎月同じことの繰り返しです。

結婚をして、出産をし、娘が2歳ぐらいになり自我が芽生えてくると、怒りの対象は娘にも向けられるようになりました。仕事で忙しくて家にはあまりいない夫よりも、怒りの矛先を向けられていたのは娘だったと思います。子どもらしいわがままで泣いている我が子を、本気で蹴飛ばした時の子どもの顔は今も忘れられません。

私には3人の子どもがいますが、一番ひどかったのは次女が3歳、長男が1歳の頃でした。怒る理由を見つけては次女を叱責し、叩いたり、クローゼットに閉じ込めたり、小さく柔らかな息子の頬を力いっぱい平手打ちしたこともありました。本当は怒られる理由も何もないのに、こどもは「自分が悪かった」と思って謝ります。ぐずって「ご飯を食べたくない」と言う息子を怒鳴りつけた時、いつも怒られている次女は状況を察知して、急いで弟に駆け寄り、心配そうに弟の手をつないで、「ママにごめんねすれば、大丈夫だよ」と小声で教えていました。そして、まだよく喋れなかった息子はたどたどしい言葉で「ごめんなさい」と言いました……。謝るべきだったのは私の方でした。

私は子どもの頃、周りの大人たちの前ではいい子として育ちましたし、今でも周囲にはいい面しか見せていないので、子どもたちを怒る姿が夫にも信じられないらしく、相談しても夫はあまり真剣に取り合ってくれませんでした。

今は、あれは子どもたちへの自分の怒りや憎しみではなかったと分かります。でも当時は、「こんなにも愛しく思っている我が子にどうして憎悪が湧くのだろう」と、とても苦しんでいました。

次女を出産後、子宮が痛むので、自分が豹変して怒りだすのは排卵日だということが分かりました。医学的には何も問題がないのに、子宮が痛くなることがよくありました。

そこで、こーいちろーさんが子宮に遠隔アニカをしてくださったのですが、とても痛くてつらく、と同時に、苦しいけれど痛みを手離すのを拒否している自分を感じたような気もしました。でも、子どもたちを傷つけるのは本当に終わりにしたかったので、どれだけ痛くても苦しくてもいいから、気持ちが軽くなりたいと心の底から思っていました。

そして、その次の排卵日のこと。朝から陣痛を思い出すような激痛が走り、あまりの痛みで嘔吐、さらに発熱もしましたが、心はいつになく穏やかでした。

考えてみると、子宮（出産）にまつわるつらい記憶があり、長女の出産から8年も経っているのに、ずっとその時の心の痛み・苦しみを抱えたまま立ち止まっているような感覚でした。

こーいちろーさんに相談させていただいて、つらかったことを思い起こし、メールで送らせていただくことにしました。心の奥に取り残された痛みをひとつひとつ思い出して文章にする作業は、つらいというよりもなんだかとても嬉しくて、やっとこの苦しさを聞いてもらえる時が来た、と私の子宮が喜んでいるようでした。

マスターコースに通い始めて4日目に、こーいちろーさんが子宮にアニカをしてくださいました。アニカを受けている間は痛くて、苦しかったです。受けながら、私だけの苦しみじゃないと感じましたが、母も難産でしたし、祖母も出産ではとてもつらい思いをしていたようです。そしてその日、私が子宮にアニカを受けていることを知らない母も、普段はそんなことはないのに珍しく子宮が痛くて、不思議に思っていたと帰ってから聞きました。

その後、私の子宮にあるものが母や祖母に関係しているということで、母と祖母にも遠隔アニカをしてもらいましたが、怒り・罪悪感・怖れ・不安などいろいろあったそうです。そして驚いたことに、遠隔後、私の怒りはウソのようになくなってしまいました。子どもが騒いでも失敗をしても、イライラすることもなく一緒に笑っている自分がいて、怒りが湧いてこない子育てはこんなに楽なものなのかと、びっくりしています。子どもに注意するようなことがあっても、私に怒りがないので子どもも反発するようなことがなくなり、素直に聞いてくれるので好循環です。

そして、怒らなくなったのと同時に、それまでは何でも先回りしてきちんとしようとしていたこと、それが時間的な焦りにもつながっていたのですが、それがすっかりゆるんでしまいました。おかげで今までなら考えられないような失敗をしたり、頼まれたことを忘れたりしましたが、子どもたちには、「ママ、怒りんぼじゃなくなったら、忘れんぼになったね！」と言われています。子どもたちは私が怒らなくなったことを何より喜んでいて、夜には「今日も1回も怒られずに1日が終わったね」と姉弟で話しています。

ちなみに私には姉がいますが、母への遠隔アニカ後に姉も変化を感じ、それまで悩んできた家族に対して、初めて感謝の思いが湧いたそうです。姉も私同様、怒りを持て余しているので夫や子どもとも衝突することが多かったようですが、「家族にしてきた自分の態度を猛省した」と言っていました。

子どものありのままを受け入れるためには、私にはまだクリアにしたい課題がありますが、きっとうまくいくと思っています。毎日、何度も「大好き！」と言ってくれる子どもたちを抱きしめて、「ママも大好きだよ！」と心から言える喜びを味わうことができて、今はとても幸せを感じています。

姉妹の過去世の縁

家族は深い縁で結ばれています。地球上に70億人もの人が生きている中で、血を分けた親子、兄弟になるという縁はどれだけ深いことでしょう。それだけ深い縁で結ばれた家族が仲良くできないのは、とても悲しいことです。しかしその原因には、過去世で共に生きた時の因縁が関係しているのかもしれません。

谷津絵美子さんの体験談をもう一つご紹介しましょう。

私には姉が1人います。4歳違いです。子どもの頃から、優しくしてもらった記憶はあまりありません。幼稚園の頃、私は姉が好きだったので近寄ろうとするのですが、いつも邪険に追い払われていました。でも、心底嫌われていたのかと言えばそうでもなく、私が熱を出した時に一生懸命に工作でお面を作ってくれたりして、愛情はあったのだと思います。

良くも悪くもいい距離感の姉妹ではなく、生まれ変わるたびに何回も共に生き合ってきたのをお互いに感じていました。思春期の頃などは助け合うことも多かったのですが、お互いにうんざりしていた時もあったと思います。17歳と21歳といった年になっても、時々つかみ合いの喧嘩をしていたことを覚えています。

今でこそ離れて暮らしていますが、私が結婚してからも同じマンション内に住み、当時、姉はシングルマザーで働いていたので、姉の子どもが幼稚園から帰ると私が夜まで預かり、ご飯やお風呂のお世話をしてあげていました。

その後、姉が再婚した頃から姉妹の仲は険悪になり、私も実家へ引っ越したので年に数回しか会わなくなりました。一番ひどかったのは、私が3人目を妊娠・出産した頃だったと思います。私は妊娠中に病気になってしまい、激しい痛みで、家事も上の子たちの世話もできないほどでした。夜も痛みで眠れず、精神的にもだいぶ追い込まれていました。病気が理由で帝王切開になったのですが、姉は私の手術の前日、自分の娘を同居の両親に預けて、新婚旅行に行ってしまったのです。

私は姉の子が産まれる時には病院に泊まり込んだり、退院してきてからも新生児である姪っ子の夜中の授乳を手伝ったりしてあげたのに、と思ってとても傷つきました。なぜか、姉と義兄の2人に置いていかれたような感覚になりました。その時の心の傷は4年経っても全く癒えず、普段は忘れていても、どこかに傷が残っているのを感じていました。

1年前にアニカを学び始めてからは、さまざまなネガティヴを手離すことによって心が軽くなり、姉との仲も昔のように戻っていました。でも、姉との過去世からの因縁や現世での確執をアニカによってすべて手放したいとは思っていました。

それで、アニカの仲間にもお願いして、私たち二人の関係性を感じてもらいました。その時に報告していただいた一つが次に紹介するメールです。

❇

「絵美子さんとお姉さま、過去に何度も繰り返しご縁があったようです。かなり近しい、そして強い信頼関係で結ばれたパートナーに感じました。でも、どこかでボタンの掛け違えがあったのでしょうか。こじらせてどう修復していいか分からず、今に至るといったふうでした。

私が感じたのは一番新しい過去生さんのようです。お姉さまと絵美子さんの関係は、その過去世の時は、姉（絵美子さん）と妹（お姉さま）で、江戸時代の日本の田舎の農村です。お姉さまは村でも評判の美人で気立てもよく、村一番の名家の跡継ぎである若者に見初められ、その人はお姉さまがひそかに心を寄せていた人でもあり、相思相愛、少し身分違いながらも周りからは祝福を受け、幸せな結婚が決まっていました。でも、絵美子さんもその跡継ぎの若者のことを好きだったのです。

ちょうどその頃、川の氾濫を治めるため、村で人柱《ひとばしら》を立てることになり、絵美子さんに白羽の矢が立ちました。でも、絵美子さんが画策して人柱をお姉さまにしてしまうんです。かなりドロドロした感情でした。

お姉さまは村のためにと人柱になり、絵美子さんはお姉さまのあとを継ぐ形で若者と結婚します。でも、若者はお姉さまのことが忘れられず、形ばかりの結婚生活となり、跡継ぎを生むこともできずに、嫁ぎ先では肩身の狭い思いをしていたのです。実家の両親も人柱として先に逝ってしまったお姉さまのことばかりを偲んで、絵美子さんのことなど気にも止めず……。

絵美子さんは、お姉さまが人柱になるよう画策したこと（ほんの一瞬、魔が差したような感じでした）を悔やみながらも、死んでなお自分の大切な人たちの心を独り占めにするお姉さまのことを妬み、こんなふうになったのはお姉さまのせいだと恨んでいたようです。しかし、元はお互いを思いやる、やさしい仲の良い家族・姉妹だったようでした」

これを読んだとき、4年前の姉と義兄の行動は、その過去世の時の思いだったと分かりました。

私は被害者のように感じていたけれど、私が加害者であったこと、お詫びするのは私の方だと気づくと同時に、4年間の心の傷がなくなっていくのを感じました。

他にも、私自身でアニカをした時に、私が姉の恋人をとってしまった過去世や、仲の良い姉妹だった過去世など出てきましたし、アニカ仲間からのご報告でも、焼き物の器（親の形見分け？）を2人で分けている姿や、2人の女性が海に潜る様子が見えたとか、私と姉の生まれ変わるたびの縁がいろいろと分かりました。

そして、一番最後に出てきたのがもっとも深い因縁で、源氏だった私と、平家だった姉の過去世です。これは、こーいちろーさんに手伝っていただきながら自分でも感じましたが、「一族根絶やしだ」という言葉が私の頭に浮かび、私たちの過去世が交互に出現しては、怒り・恨みのネガティヴをぶつけ合い、正に激しい合戦でした。

けれど、この源平合戦の過去世をアニカで感じ切ったあと、姉へのわだかまりや不満、怒り、恨みなどが私の中からすっかり消え、何か私にできることがあれば精一杯、姉に協力しようという思いになったのです。以前は、「このまま行くと親の葬儀で揉めることになるのでは……」と心配していたのが嘘のようです。

今回のことで、現在の人間関係のひずみは、過去世の影響を強く受けていることを実感しました。姉にはまだ、私へのわだかまりや許せない思いが残っているのは分かっています。私が姉を傷つけてしまった過去世が多いのかも知れません。でも、アニカを学び始めた姉はきっと私への怒り、恨みを手離せる日が来ると思うので、私は姉が許してくれるのを待っていようと思います。そしていつかは、いい関係で協力し合って、共に生きていくことができると確信しています。

こうした過去世での因縁話を目にすると、「こんなことは妄想ではないか?」と思う方もいらっしゃるかもしれません。しかし、本人がこうした過去の物語を知った時に感じるリアリティや、実際に人間関係が改善される効果を見ると、あながち妄想とばかりとも言えません。

私たちの潜在意識がいったいどのような情報を記憶しているのか、まだ明らかになっていないことがたくさんあります。しかし、少なくとも目に見えない心の世界に残された過去の記憶が、私たちの人生に多大な影響を与えていることは確かなようです。

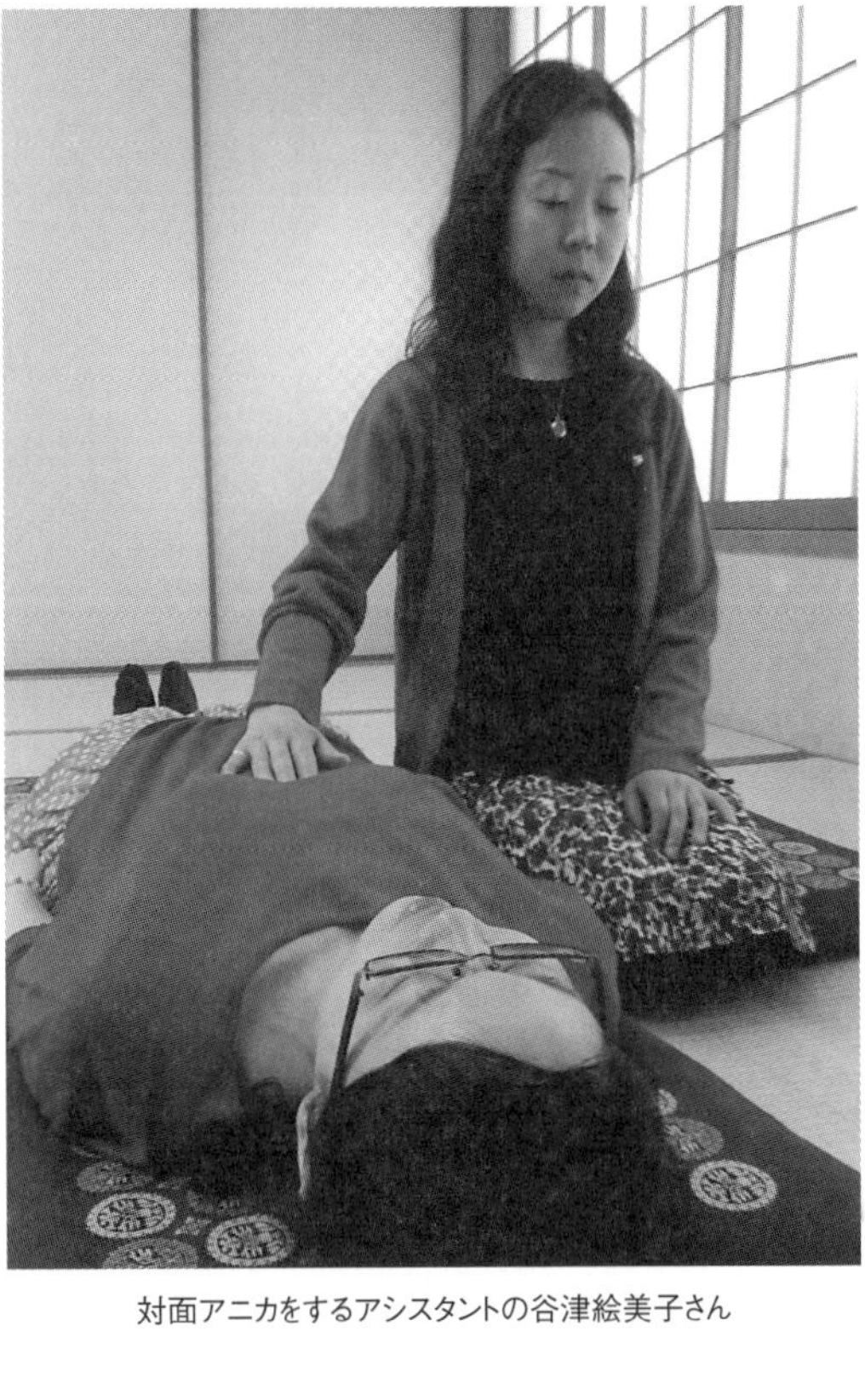

対面アニカをするアシスタントの谷津絵美子さん

私の感情は誰のもの？

私たちは時々、自分の中にいわれのない感情があることを発見します。ある状況になると、怒り、悲しみ、さびしさ、自己否定などのネガティヴな感情が自動的に湧いてきて、その感情に振り回され、衝動的に思ってもみなかった行動をすることさえあります。しかし、なぜ自分の中からそのような感情が湧いてくるのか分かりません。

たとえば、ある男性はパートナーの女性がイライラしていると、必ず激しい怒りの感情が湧いてくることがありました。しかし、その理由が分かりません。そうした怒りは抑えることが難しく、何度もパートナーと衝突して嫌な思いをすることになるのですが、その感情を止めることができません。

ある時、その男性の父親が高齢のため亡くなりました。その後、男性は自分の中にあった怒りが薄れていることに気づきました。それと同時に、イライラしている女性に対する怒りは自分のものではなく、父親のものだったということに気づいたのです。

その男性が子どもの頃から、イライラしている母親を見て父親は必ず怒っていました。男性は自分と父親を同一視し、父親の怒りの感情を自分の潜在意識にコピーしてしまっていたのです。

離婚したある女性が気づいたのは、別れた夫と自分との関係が、父と母の関係に非常によく似ているということでした。別れた夫はお酒を飲んでは失敗することを繰り返し、彼女は気を揉み、強くたしなめたりするということをしていました。父と母も正に同じことを繰り返していて、彼女も子どもの頃から心を痛めていました。その女性もまた、母親と自分を同一視し、母親の感情を自分の潜在意識にコピーしてしまったのです。

子どもは父親と母親の行動から、男性と女性の関係を無意識のうちに学びます。子どもが成人すると、学んだ関係に基づいて、無意識のうちに同様の関係を再現してくれそうな異性を選び、似たような経験を繰り返すことがあります。

私たちは自分の意思で行動しているように思っていますが、実は潜在意識の中にあるさまざまな感情に突き動かされ、衝動的に行動していることが多いのです。その感情は自分が生まれてきてから現在までに経験したことによって生じたものもありますが、親など他者の経験から生じた感情を共有してしまうことも多いのです。

人生の中で不都合な経験を繰り返しているならば、それは自分の意思ではなく、こうした他者の感情を取り込んで無意識のうちに望まない状況を引き起こしているのかもしれません。

私たちが親の感情を取り込んでしまうのは、親に共感しているからです。親との関係がうまくいってくれなくても、実は自分を育ててくれた親のことが好きなのです。子どもにとって親は、好きだけれど嫌い、嫌いだけれど好きという矛盾した存在です。親と同じような生き方をしたいという気持ちが、私たちの心のどこかにあるのかもしれません。

しかし、親と自分は別の人間です。子どもの頃に潜在意識に取り込んでしまった親の感情に引きずられて、似たような状況を経験しているのでは、本当の自分を生きているとは言えません。親の影響を離れて、自分の意思で自由に生きるためにはどうしたらいいのでしょう？

先祖たちは、私たちの心の中にいる

自分が親から影響を受けているなら、その親もまた自分の親から影響を受けているはずです。あなたが人生で経験していることは、親、祖父母、それ以前の先祖たちが経験してきたことかもしれません。先祖代々、親から子へとネガティヴな感情記憶が受け継がれてきているのかもしれません。

イギリスの生物学者であるルパート・シェルドレイクは、さらに大胆な仮説を提示しています。それは、この世界の存在は生物、無生物にかかわらず種の記憶を情報空間のクラウド上のサーバーのような場所に保持していて、それぞれの存在は自分の種の記憶にアクセスして必要な情報をダウンロードし、また新しい経験をアップロードしているというのです。

「100匹目のサル」という話を聞いたことがあるかもしれません。ある海辺で1匹のサルが芋を海水で洗って食べることを始めると、周囲のサルたちもそれをまねし始めます。芋を洗って食べるサルが一定の数に達すると、全く別の地域のサルも芋を洗って食べるようになるという現象が確認されています。つまり、サルたちは物理的に離れていても種としての新しい経験を共有できるというのです。

この仮説は、物と心を分けて物の世界のみを研究対象とする唯物的な科学からは、「疑似科学」として強く批判されました。しかし、遺伝子情報を分析してもハエの遺伝子数とヒトの遺伝子数はそれほど差がないことから、これだけ複雑な活動を行える人間を「人間たらしめている」情報は、物理的な世界にはないと考える科学者も増えています。

私たちの思考や感情は目に見えず、触れることもできないのですから、思考や感情は物理的なものではありません。しかし、思考や感情は確かに存在します。私たちは何十年も前に感じた感情を今でも思い出して感じたり、他者の感情に共感することができるのですから、目に見えない世界でさまざまな活動が行われていることは明らかです。今後、唯物的な科学は物と心をひとつの系として扱うようになるかもしれません。

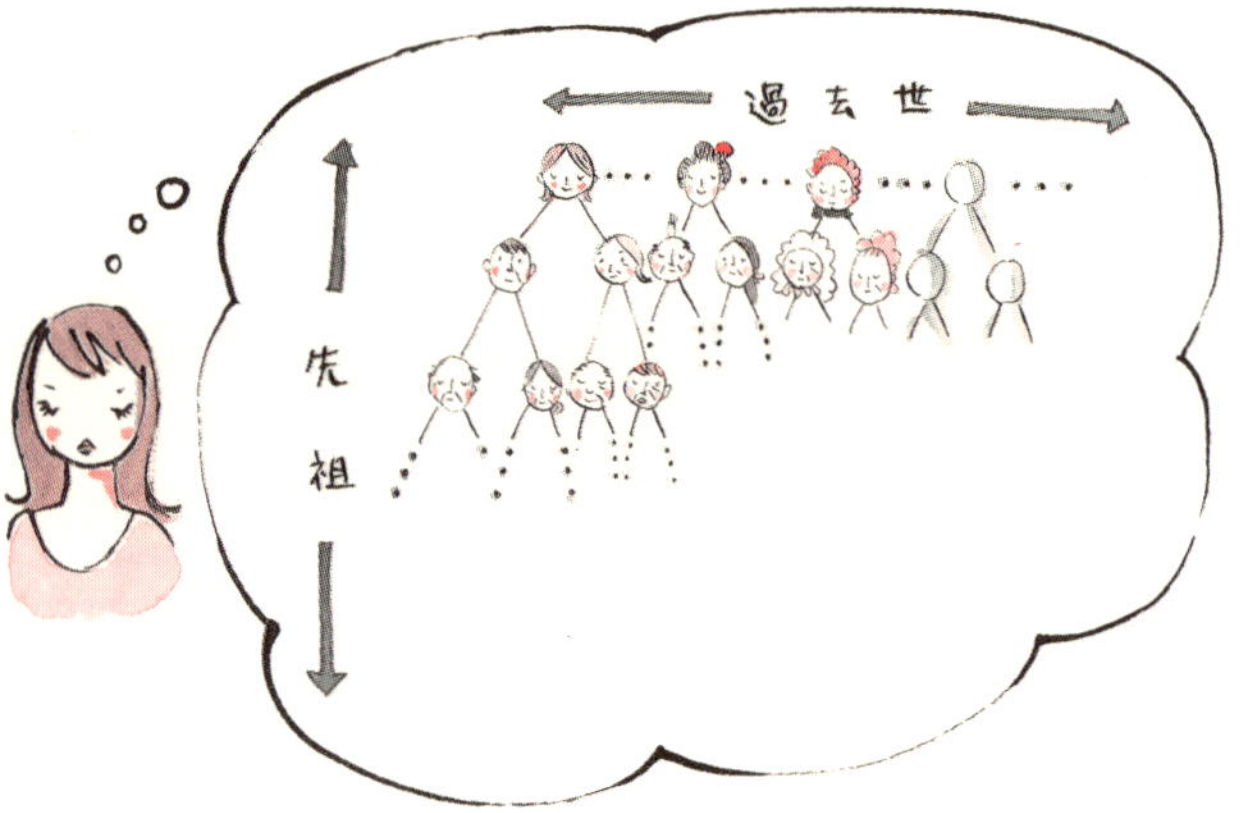

シェルドレイクの仮説を家系に当てはめてみると、私たちは家ごとにクラウド上のデータベースのような記憶情報を持っていて、そこから必要な情報をダウンロードしたり、経験した情報をアップロードしたりすることが行われていることになります。

こうした記憶情報は物理的な世界にあるのではなく、私たちの潜在意識の奥深くに存在するのではないかと考えています。言うならば、私たちの先祖たちは私たちの外部にいるのではなく、私たちの心の中にいるのです。

ですから、先祖たちが人生においてさまざまな出来事を経験した時に生じた感情の記憶も、私たちの心の中に存在することになります。そしてそれらの記憶が今、生きている私たちの人生に大きな影響を与えているのです。

なぜ、「理由が分からない」恐怖があるのか？

私たちの心の中にいるのは先祖だけではありません。

アニカをしていると、人間にはどうも過去世のようなものが存在することが実感されてきます。催眠療法でも過去世を思い出す療法がありますが、過去世の記憶もまた、潜在意識の奥深くに眠っている記憶情報のひとつと思われます。

ある女性は、アニカをしている最中に、自分が中世ヨーロッパで女性の戦士だった時の一部始終を、映画でも見ているように体感したそうです。彼女は、「なぜ、自分が今生で理由が分からない恐怖のような感情があるのか？　そのビジョンを見ることではっきりと分かった」と言います。さらに、自分が今生の中で繰り返し経験する現実も、過去世の中で経験した感情が原因で起こっていることも分かったそうです。

過去世というものが物理的な次元で実際にあるのかどうかは、私には分かりません。しかし、量子論で議論されているような並行世界があるとしたら、彼女が「女性の戦士」として体験した世界がどこかにあるということは十分に考えられます。彼女が意図せずにそうしたビジョンを見たということは、過去世で体験した世界もまた潜在意識の奥深くに存在していると思われます。いずれにせよ、過去世での経験が今生の私たちの人生に強く影響している場合があるようです。

過去世に関する概念に、ソウルメイトがあります。ソウルメイトとは、人々が転生する時に共に世界を経験するため、一緒に転生するグループに属する存在たちのことです。催眠療法でも、過去世で親子だった関係が今生ではパートナーになったり、兄弟姉妹になったりする例が報告されています。こうしたソウルメイトも、今生の自分に大きな影響を与えている存在です。

元々、西洋的な考え方では個人を最小単位ととらえます。現代の日本の社会でも同じ考え方でとらえていますが、実のところ人間は、何人かの集団で共に人生を生きていくような存在ではないでしょうか。個別の身体を持つため、顕在意識では個という意識が強いのですが、人生の中で出会う人たちとは潜在意識レベルでは強いつながりを持っていて、全体としてひとつの魂として生きているような感覚があります。

私たちが身体を持って存在できるようにしてくれた先祖、何回も転生を繰り返してきた過去の自分である過去世、一緒に転生して何代も共に生きてくれたソウルメイトたち、これらの人たちが今生の自分に縁のある人たちです。

「ルーツアニカ」でルーツをいやす

私たちが生まれてくるには、父と母が必要です。同様に父と母が生まれてくるには、それぞれおじいちゃん、おばあちゃんが必要です。そうして世代をさかのぼっていくと、私たちが生まれてくるためには膨大な数の人が必要であり、そのうちの誰か一人が欠けても生まれてこなかったことに気づきます。そのことを考えると、私たちが今ここに生きているのはほとんど奇跡のようにも思えます。

また、私たちの前身である過去世、一緒に人生の旅を続けてくれたソウルメイトたちがいなくては、私たちの今回の人生は充実したものにはならなかったかもしれません。彼らが一緒に生きてくれたおかげで、いま、私たちがこのような人生を送れているともいえるのです。

私に縁のある両親、祖父母、先祖、過去世、ソウルメイトたち。もちろん彼らも人生を精一杯、生きたのでしょう。しかし、その人生は私たちの人生に比べて平穏なものではなかったはずです。彼らは現代より明らかに過酷な時代に生きていました。

彼らが苦しんだ感情の記憶が情報空間上のクラウドに数多く蓄積され、いま生きている私たちは縁のある方たちの記憶情報にアクセスし、ネガティヴな感情記憶をダウンロードしてしまったのです。

つまり、過去に生きた人たちの苦しみの感情に共感してしまったのです。私たちは彼らに縁があるのですから、それは当然のことです。アニカの考え方では、人はひとりでは生きていないのです。もし私たちの心に、覚えのない怒り、怖れ、罪悪感、恨みなどのネガティヴな感情があるとしたら、それは過去に生きた彼らの感情かもしれません。

私たちにできることは、彼らの感情に共感し、それを処理してあげることです。それは彼らのためにもなるし、自分のためにもなります。なぜなら、彼らは私たちの心の中にいるからです。

アニカでは、親、祖父母、それ以前の先祖、過去世、ソウルメイトをルーツと呼びます。ルーツにアニカして、ルーツのネガティヴな感情記憶を処理し、いやすことをルーツアニカと言います。ルーツアニカは、遠隔アニカの一部になっています。

ルーツアニカの具体的な方法はアニカマスターコースのアドバンスで学びますが、ルーツアニカは、特に家族関係の改善に劇的な効果があります。自分に縁のある過去に生きた人たち、すなわちルーツをいやすことが自分や周囲の人たちの心の平安につながっていきます。興味のある方は、アニカマスターコースでぜひ学んでみてください。

情報空間上の巨大な施設――南阿蘇アニカ温泉

ルーツアニカの中に、「南阿蘇アニカ温泉」という手順があります。

私が住んでいた熊本県南阿蘇の温泉からインスピレーションを受けて作ったものですが、「先祖、過去世、ソウルメイトなどルーツの皆さん全員を、情報空間上の巨大な温泉施設にご招待してゆっくり休んでもらおう！」という趣向です。（口絵参照）

ルーツの方々は、劣悪な環境の中で苦労されたことでしょう。そこで、南阿蘇アニカ温泉ではルーツの皆さんにゆっくり休んでいただけるように、さまざまな施設で種々のサービスを提供しているのです。

もちろん温泉があり、安心してくつろげる客室、清潔な寝具、服、靴などすべてが用意されています。広い食事処ではさまざまな食事が提供され、お好きなものをいくらでも食べることができます。病院ではすべての病気を治すことができ、身体で障害のあるところも元に戻せます。

人生において生き別れ、死に別れた人もこの施設のどこかにいるので、会いたい人を探す係に頼んで呼び出してもらい、再会することができます。宗教施設では各宗教の開祖と会ってお話ができます。もちろんアニカルームもあり、アニカを受けたり学んだりもできます。この施設はセラピストの意思でいくらでも拡張可能なのです。

ルーツの方々はここに好きなだけ滞在することができます。雄大な阿蘇の自然を満喫し、ゆっくり休み、好きなことをして楽しんだあとは、もう一度、3次元の地球に戻ることも可能です。

ルーツアニカと先祖供養の違い

アニカで自分の心の中にあるネガティヴな感情を探っていくと、親や祖父母、それ以前の先祖のもの、あるいは過去世のものがたくさんあり、自分の感情と見分けがつかなくなっていることが分かってきました。

アニカでは、「人生で経験する不都合の原因は、潜在意識に潜むネガティヴな感情の記憶である」と考えますが、問題の原因となっている感情の記憶を探っていくと、生まれてから今までに生じたものよりも、親・先祖、過去世の経験から生じたネガティヴな感情が原因となっているものの方が多いことも分かってきました。それらの感情をアニカで処理して消していくと、今、自分が経験している問題がなくなっていきます。

ですから、「ルーツアニカは先祖供養なのか？・」というと、そういう面も確かにありますが（先祖が喜んでいるのを感じたとか、先祖からお礼を言われたという人は少なくありません）、先祖や過去世のネガティヴな感情記憶を浄化して、過去に生きた縁ある人たちから今生の私たちへの影響を取り除いている、ということが言えると思います。

ルーツアニカと宗教的な先祖供養の何が違うのかというと、宗教的な先祖供養では、こちらはお金を払ってお願いするだけで、実際に何が起こっているのか分からないことが多いと思います。しかし、ルーツアニカは（アニカを学べば、ですが）、先祖の苦しみもそれが消えていくことも自分で体感でき、結果として自分の気持ちが楽になり、人間関係が改善するなど、現実が動くことを実感できます。そこが大きく違うところです。

また、ルーツといっても数が非常に多いのですが、今生の自分に強い影響を与えている人は限られています。最近ではアニカの処理能力も上がり、ものすごい数の人たちのネガティヴを一挙に処理しているように感じられる時もありますが、今生の自分に特に関係の深い方は個別に出てきて、浄化されていくことが多いのです。浄化されたあとにメッセージが送られてくることもよくあります。

一般的な浄化の順序は次ページのようになります。

❶ 親・先祖（父方、母方）のネガティヴ
❷ 過去世のネガティヴ
❸ 今生のネガティヴ

浄化の基本はやはり、親・先祖からということになります。過去世のネガティヴは今生の自分が持っているネガティヴと同じことが多く、今生の自分は過去世のネガティヴの集大成ではないかと思えるほどです。今生のネガティヴは、誕生から歳をとるにしたがって経験したネガティヴ感情が順番に出てきます。

最近は、浄化の最終段階で非常に強いネガティヴを持つボスキャラ的過去世が出てきて、その過去世を完全にいやすとポジティヴに転化して、今生の人生を応援してくれる強い味方になってくれることが多くなっています。誰にもボスキャラ的過去世のような存在がいるようです。

ネガティヴボスキャラ過去世の浄化が終われば、浄化作業は峠を越えたといえます。あとは今生の自分のネガティヴの浄化を行って、ひとまず完了となります。アニカマスターコースではこの浄化完了をもって、「心の浄化の基本部分を成し遂げた」と認定します。（260ページ参照）

ピュリファイド(浄化)認定後も家族やパートナーなど身近な人との過去世での関係にからむ強いネガティヴが出てくることがありますが、そうしたネガティヴはピュリファイド認定後でなくては扱えないような難しいものがほとんどです。こうした複雑なネガティヴはひとりで扱うのは難しいので、アニカ仲間と協力しあいながら処理していきます。

過去世は本当にある!

ところで、「過去世」って本当にあるの? って思う方も多いと思います。私も正直言って、アニカを始める前は、「あるようなないような」といった感覚でした。しかし、アニカを何年も続けていく中で、過去世というのは本当にあると確信するようになりました。

「科学的に実証できないものは真実ではない」という方もいますが、科学的に実証できないものは世の中にいくらでもあります。科学という人間が作り上げた信念体系では認識できない死角があるからです。

アニカでは、今生の私たちに影響を与えているネガティヴ感情記憶の原因として次ページの三つを上げています。

❶今生での自分の経験
❷親から上の世代の先祖の経験
❸過去生での経験

最近では三つ目の過去生での経験が、現在の自分のネガティヴな感情に直接的な影響を与えていることが分かってきました。

たとえば、私の場合、次のような問題がありました。

・潜在意識に、得体の知れない大きな怒りがある
・（他人に）分かってもらえない
・言いたいことが言えない
・怒りたいのに、怒れない
・誤解されやすい

浄化の過程では、過去世の感情記憶が勝手に私の意識に上がってきて、強制的に処理させられることが多く、ある時期はほとんど毎日のように過去世の処理を行っていました。多い日に

は、1日5人もの過去世の感情記憶が現れ、1件10分から1時間以上かけてアニカで処理していきます。時には、「人間ではないでしょ!?」というような存在も現れます。時の流れが妙にゆっくりで、「宇宙人ではないか?」と思われるほどです。

私は、過去世と言葉で会話できるわけではないので詳細はアニカの仲間に教えてもらいますが、大体の感覚で、男性か女性か、怒っている、さびしい気持ちでいる、などといった感情の内容は分かります。

過去世のネガティヴ感情はとても強烈なものですが、今生の私のネガティヴ感情のひとつひとつに正確に対応していて、ある過去生の感情記憶は「激しい怒り」、またある過去生の感情記憶は「言いたくても言えない」というようになっています。

感じていて面白いのは、まるで人間と会話しているように最初に激しい怒りが続き、それをずうっと感じていると、ある時からその怒りがすうっと引いて、「さびしかった」とか「裏切られた」とか本当に言いたいことを語りかけてきます。

また、たとえば過去世において病気で苦しんでいたような人の場合、「南阿蘇アニカ温泉」という架空の温泉施設の「何でも治る病院」に案内すると、その前で急にその気配が消えたり(病院に入ったのでしょうか?)、まだ小さかった子どもを亡くした女性が出てきた時は激しい悲しみの感情がずっと止まらなかったのに、アニカ温泉の再会ルームで生き別れたり死別した子どもと再会したとたん、すうっと静かになるというようなこともありました。

過去世の感情記憶は数が多く、非常に激しいネガティヴ感情が渦巻いているため、処理するには相当な労力と時間がかかります。しかし時間をかけてじっくり処理していけば、ある日突然、人生が大きく変わっていくような経験をすることになります。

私の場合も、ある時、過去世の激しい怒りを処理した翌日、自分の潜在意識の中から大きな怒りの感情がゴソッと取れた感じがしました。その後は、「こういう状況になると必ずイライラして怒っていたな！」という場面でも怒りが湧いてこないことに気づき、潜在意識の浄化を実感しています。

過去世のネガティヴ感情を処理しているうちに、「よくこんなに大きな怒りとかさびしさを潜在意識に抱えながら生きてきたなぁ」と自分をいたわってあげたい気持ちになりました。

イエス様のような方

次に、北九州在住の女性Nさんの体験談をご紹介します。キリスト教に縁のある方でしたが、アニカの最中に見たイメージはNさんの過去世での経験に関係があるのかもしれません。

こーいちろーさんが、私に対面アニカをしてくれました。何も考えずに選んだアロマオイルは、イエス様に関係あるオイルだと教えてもらいました。それは初めてかぐ香りで、身も心もすうっと奥へ奥へと引き込まれるようでした。

アニカはお腹から始まり、身体がじんわりと温かくなってくると、映像が見え始めました。海の向こうから、大きな聖書を抱えたイエス様のような方が舟の上に立たれて向かって来られています。その横には若い男性がいて、私の心の中では自分自身のような気がしているのですが、その男性はなぜか、「イエス様のような方が大丈夫か」ととても心配している様子です。

場面は変わり、今度はたくさんの人々のいる広場の前で、聖書を広げたイエス様のような方が布教をされていました。そこでも、イエス様の横には若い男性がいて、心配そうに周りを見回して、とても落ち着かない様子です。

もう一度場面が変わり、今度はたくさんの人々の前でイエス様のような方が処刑され、亡くなっているという状況でした。その若い男性は、「自分がお守りできなかった」とひどく悔やみ、涙を流しています。その深い深い悲しみを私も感じて、涙が止まらなくなってしまいました。

その時に、こーいちろーさんが涙を流す私にティッシュをくださり、一時中断後、続きが始まりました。

イエス様のような方の死を、共に悲しんでいた多くの方や先祖様のような方、若い男性、みんな一緒に真っ白な湯気の立つお風呂に入っている場面でした。その日は、参加者の皆さん、ジブリの映画や音楽でつながった方が多かったのですが、いま思えば、『千と千尋の神隠し』の映画の湯屋の場面、そのままでした。とにかく安らかで、温泉でゆっくりいやされている場面でアニカが終了しました。

ただただ、アニカはすごいです。アニカのエネルギーというのでしょうか、力というのでしょうか、想像をはるかに超えていました。

私の中に、性格や癖として自覚していた罪悪感、恐怖心の源の気づきを与えてもらった気がします。この映像のイメージの意味するところは私にも謎ですが、いま現れている心って、現世だけでなく過去世の体験もかかわっていることが納得できた気がします。

アニカされているとき、女性は男性よりもイメージを見ることが多いのですが、Nさんもアニカ中に鮮やかなイメージを見ていました。面白いのはNさんにはルーツアニカやアニカ温泉の話を全く知らせていなかったのに、イエスのような方の死を悲しんだ人たちがお風呂に入っていやされたイメージを見たことです。やはり、アニカの間に潜在意識同士で情報のやりとりをしているのではないかと思われます。

「救ってください！」という願い

次にご紹介するのは、熊本県天草出身の女性Tさんの体験談です。首がずうっと痛くて、どんな治療をしても治らないとおっしゃっていたのですが、セッションの中で私が首筋をアニカしている時に隠れキリシタンの女性が出てきました。体験談には書いてありませんが、その後、首の痛みは治ってしまったそうです。

先日はありがとうございました。アニカを受けさせていただいてから、もう2週間ほど過ぎてしまいました。いまだにアニカの効果は消えず、毎日いろんな思いの連続です。

アニカをしていただいている間は不思議なことの連続でした。というか、受けたいと思ってからすでにアニカの世界にすっぽり入ってしまいました。

私は生まれつきのクリスチャンではないのですが、子どもの頃から妙に「神様」のことを意識していました。物心ついた頃から神様に対する不信感があって、「神は私を助けない」という思いと、言いようのない孤独感がありましたが、それがなぜなのかは理解できませんでした。

ところが、アニカを受けさせていただいている間、「隠れキリシタンの女性」が映像ではっきり見えてきたのです。その女性は明らかに混血の息子（それも、殺され腐乱している子）をしっかりと抱き、牢屋のような建物の小窓から見える青空を呆然と見つめ、讃美歌を歌っているのです。

彼女は、宣教師との間の子どもであろう我が子を抱いて讃美歌を歌いつつも、信仰ゆえに殺されながら、神は沈黙を守っていることに対し、言いようのない孤独感と無力感、神に対しての不信感を抱えたまま絞首刑となり、亡くなっていきました。

強烈な衝撃で涙が流れましたが、その涙がつらい涙でも何でもなく、ただただ涙が出るのです。そして最後に、「私はあなたが私にくれた愛を決して忘れない。その愛を今生は隣人に与えなさい」と涙ぐんだ声でおっしゃる神の声をはっきりと聴きました。

その映像により、私の人生で起きたいろいろなことの意味が理解できたような気がしました。まず、首の骨がおかしくて何をしても治らず、首のコリに悩んでいたことが理解できました。また嫁いだ先がクリスチャンの家庭で必然的に私も教会に通うことになりましたが、結局は主人の実家とは絶縁になり、キリスト教を棄教してしまったことも理解できました。

その夜、遠隔アニカもしていただいたのですが、たくさんのクリスチャンが出て来られたそうです。翌朝の、爽快なのに疲れ切っている不思議な目ざめがすべてを物語っているようでした。

その後も効果が続きます。お付き合いで、ある勉強会に出席したのですが、その勉強会には私を主人の家庭と絶縁状態にし、私が憎しみを解くことができなかった主人の姉が偶然、参加していました。何年ぶりかのまさかの対面です。しかし、心穏やかな自分に驚きました。勉強会の最後に、今までの私の思い（やられたら、やりかえしたい）がふっと転換されたのです。

その後も、神に対するいろいろな疑問が解けるような出来事がいろいろと起こっています。それからは、潜在意識の解放が行われていることを楽しみながら（時には疲れ果てながら……）、不思議なほどに心穏やかな毎日を過ごしています。

本当に救ってくださってありがとうございました。そうなんです、私は「救ってください！」とずうっと願っていたのです。

何年も悩んでいた問題が、わずか1回のアニカで解消することがあります。Tさんの場合もそうでした。隠れキリシタンの女性は、ひょっとするとTさんの過去世かもしれません。

原因不明の身体的、精神的不調は、日常的な意識では決して気づくことのない過去世での経験に原因がある場合も考えられます。過去世の経験から生じた絶望感や悲しみのような感情が潜在意識に残っていて、それが今生の私たちに作用しているのではないでしょうか。

戦いの記憶と恨み

熊本県在住の女性、Yさんからもアニカの体験談をいただきました。

Yさんは以前に遠隔アニカを受けていて、遠隔直後に単身赴任だったご主人が9年ぶりに急に熊本に帰ってこられ、また多額の臨時収入もあったりと、いいことが続いたということで、阿蘇に対面アニカを受けに来てくれました。

Yさんは他県から熊本に嫁いだのですが、ご近所との間にトラブルがあり、対人緊張も出て、居心地が悪くなっていました。それが対面アニカの課題となっていました。

対面をしている間から、いろいろなメッセージが聞こえてきて不思議な気持ちでした。自宅に帰ってから家系について調べると、戊辰《ぼしん》戦争、そして、西南戦争にかかわった四代前のご先祖さまのことが発覚しました。アニカのリーディングをしていただいた方からのメールを読んで、その方こそが熊本に来てからの私の疎外感の原因ではないか、と驚いています。

私は結婚を機に主人の地元の熊本県に引っ越してきて以来、内面的に不安定な日々を送っていました。ご近所とのトラブルもあり、自宅にいても居心地が悪く、自分の根っこがフラフラしているような、本当の自分の人生を歩いていないような、頼りない感じでした。

しかも、独身の時には全くなかった対人緊張が急に現れて、熊本という地に違和感を持っていました。熊本での友人はいい人ばかりで、自然も素晴らしいし、魅力的で大好きな土地なのですが、どこか肌に合わないといったような違和感がありました。そうした問題を処理したくて、アニカを受けました。

そして、こーいちろーさんの対面アニカでの話です。まず最初に、仰向けになってお腹のあたりから始められたようです。以前受けた「遠隔アニカ」では、イマジネーションが全く湧かず、霊感などもなかったのですが、今回の対面アニカではイマジネーションの代わりに、ずうっと、ある〝声〟が私の頭の中で聞こえていました。

その声は、「〇×家め！　絶対許さん！　〇×家の末裔め！　絶対許さん！」の連呼なのです。

〇×家とは私の母の旧姓です。〇×家を恨む人の声が頭の中で続き、着物を着た女性が刀で斬られている、まるで江戸時代のような映像が感じられました。

それから、こーいちろーさんの手の箇所が移動したのと同時に、私の頭の中の〝声〟の内容も変わりました。今度は「神がいない、私の神様がいない！」の連呼なのです。その連呼はおそらく5分くらい続いたかもしれません。

そして急に、「神は私だ！」という声が聞こえ、こーいちろーさんから「はい、今度はうつ伏せになってください」という声がかかり、私は身体の向きを変えました。

頭か背中をアニカされている時は、「すべては無！」という声の連呼でした。そして、小さな十字架のような白いクロスが黒い背景をバックに浮かび上がる映像が一瞬、見えたような気がしました。

子宮のあたりをアニカしていただいた時は、ずうっと頭の中で「こーいちろー、こーいちろー」の声の連呼です。それは、幼い印象の可愛いらしい声でした。嬉しそうに、ずうっと「こーいちろー、こーいちろー」と言っておりました。そして、対面アニカが終わりました。

家に帰ってから、自分がなぜ熊本に嫁いできたのか、そのルーツらしきものを発見しました。古い戸籍謄本を見ると、母方の高祖父（祖父母の祖父）に歴史的な人物がいたことが分かりました。熊本の人吉《ひとよし》藩の士族の身分の方です。父母からは「母方の先祖が熊本のお殿様に仕えていた家老である」と聞いていたので、高祖父がその人物であると思います。

彼は戊辰戦争、西南戦争と戦い、最後は政府軍に投獄され、亡くなったようです。西南戦争で人吉一番隊という軍を結成し、西郷隆盛率いる薩軍に参加し、政府軍と熊本県内で戦いました。明治10年6月の人吉陥落の際に政府軍に降伏し、罪を問わないことを交換条件に薩軍を裏切り、宮崎県で今度は薩軍と戦ったらしいのです。

その明治10年6月、政府軍が人吉城を陥落した時、人吉一番隊は政府軍に応戦するために、地元の町民が犠牲になるにもかかわらず人吉城から城下町を故意に砲撃し、町を焼け野原にしたそうです。砲撃で人吉の街を焼き、政府軍の進軍を妨害する意図があったらしいのです。

　人吉一番隊を率いていた彼は、いくら戦争とはいえ人吉城下町の人々を犠牲にし、最終的には薩軍をも裏切り、熊本の人々や薩軍の方々から恨みを買ったものと思われます。

　自分自身のご先祖様をいやし、無念の想いで亡くなった方々の悪い記憶をクリアにし、鎮めていくことが、私が熊本県や瀧上さんのアニカに導かれた理由であるような気がしています……。


　アニカをしていると、このように先祖を恨んでいる人たちが出てくることがあります。日常生活でよくある近所とのトラブルも、ひょっとすると先祖を恨む人たちの苦しい思いや、事情があって人に迷惑をかけてしまった先祖の罪悪感が引き起こしたものかもしれません。

　このように、私たちが人生の中で出会うさまざまなトラブルは、先祖や過去世での経験が原因となっているものが少なくないと考えられます。

＊＊＊

アニカの考え方では、人はひとりでは生きていないのです。もし私たちの心に、覚えのない怒り、怖れ、罪悪感、恨みなどのネガティヴな感情があるとしたら、それは過去に生きた彼ら（ルーツ）の感情かもしれません。

私たちにできることは、彼らの感情に共感し、それを処理してあげることです。それは彼らのためにもなるし、自分のためにもなります。なぜなら、彼らは私たちの心の中にいるからです。

第5章

アニカは言葉を超えたコミュニケーション

共有する心

仏教に「三界唯心」という言葉があります。分かりやすく言えば、「世界はひとつの心である」ということです。

私たちは、自分たちの周りに自分とは無関係に独立して存在する人やモノがあり、それらを変えるためには、他人を説得したり、物理的な力を加えなければならないと信じています。

しかし、仏教の教えでは、自分の周囲を取り囲むこれらの環境は、自分の心のあり方を正確に反映する心とは切り離せない現象である、とされています。

量子論では、物質を構成する単位は原子であり、原子は原子核と電子から構成され、原子核は陽子と中性子からなり、陽子と中性子はそれぞれ3種類のクォークからできていて、クォークはもはやモノというよりはエネルギーとしか言えないようなものであることが分かっています。

量子論で生み出された世界観は、古代東洋の思想による「無」とか「空」と呼ばれる概念に酷似していることが各方面で指摘されています。

「私たちが自分らしく、楽に生きるためには、周囲の人や環境を変える必要はない。自分の心を変えればいいだけである」ということも古来からよく言われていますが、それは量子論を創造したコペンハーゲン学派により主張された、「人間の意識が外界を観察したとたんに物質に収縮する」という説と一致します。

私たちは本来、自分の思ったとおりの世界を創り出せるはずなのです。しかし、それが難しいのは、自分の心に、縁ある過去に生きた人たちの怒り、悲しみ、さびしさ、嫉妬、恨み、罪悪感、自己否定、無価値観などのネガティヴな感情記憶が残っているからなのです。

私たちが自分らしい人生を自由に創造するためには、こうした心の中にある他者のネガティヴ感情の記憶を消去する必要があります。それにより、心の中の自分に縁ある人たちもいやされていくのです。

本来、「心」とはひとりの人間の脳に収まるものではなく、多くの人が共有している意識の場であり、その意識が世界の体験を創り出している、ということです。ただし、私たちは地球上で肉体を持って生まれることで、互いに分離された体験をすることを選んできていますから、その体験はそれぞれ個人的なものになります。RPG(ロールプレイングゲーム)にたとえれば、「個人個人」はRPGの登場人物ですが、「心」はRPGのプログラムを格納したディスクそのものになります。

アニカには、ルーツアニカという先祖、過去世のネガティヴ感情記憶を消去するテクニックがあります。自分に縁の深い存在をいやすことにより、結果的に自分がいやされるのは、私たちと過去に生きた人たちが、ひとつの同じ「心」を共有しているからです。

他にも、「心」を共有している重要な登場人物がいます。それはソウルメイトと呼ばれる、何代にもわたって私たちと人生を伴にしてきた古くからの友人たちです。地球には70億を超える人間がいるにもかかわらず、実際に顔を合わせて話をしたり、一緒に食事をしたり、あるいはネットを介して連絡を取り合ったりする人はごくわずかです。

ある時は親友になり、ある時は兄弟になり、ある時は親子になり、ある時は夫婦になり、またある時は仕事の重要なパートナーになる人たち……。私たちはこうした人たちとも、ひとつの「心」を共有しながら共に人生を歩んでいます。

もちろん、人生の中には出会いや別れがありますから、自分の人生に新しく登場してくる人や去っていく人もいるでしょう。去っていった人たちは、自分の将来にもう関係がないかというと、そうではありません。「心」には記憶が残るので、去っていった人と共にした時間に生じた感情が「心」に記憶され、現在の自分に影響を与え続けていきます。

このように「心」を共有した人たちが、人生の中でさまざまな経験をして生じた感情は「心」に残ります。まるでスマホで撮った写真をクラウドにアップロードして友人と見せ合うように、自分が体験した感情を共有するためのシステムが「心」なのです。

ひょっとすると、「私はこんな体験をして苦しかった」とか「私はあんな体験をして楽しかった」というように、それぞれが人生における自分の体験をシェアすることが、私たちの人生の究極の目的なのかもしれません。

ですから、もし、これらの「心」を共有する人たちが悩みを抱えていたり、苦しんだりして生きたならば、きっと私たちにも影響があるに違いありません。そういった感情は私たちが共有している「心」の中に保管されているからです。しかも、その感情の記憶は長期にわたって蓄積されています。

私たちはこの「心」の中にある誰のものとも分からない、怒り、悲しみ、さびしさ、嫉妬、恨み、罪悪感、自己否定、無価値観などの感情記憶をきれいにクリーニングしていく必要があります。こうしたネガティヴな感情記憶は、私たちの人生におけるネガティヴな体験を引き起こす原因となっていくからです。

ネガティヴ感情の掃除

ある日のこと――。私の「心」のクリーニングを手伝ってくれているアニカの仲間から、「風邪をひいたようだ」という連絡があり、私がアニカを送っていました。すると、それは風邪ではなく、私の母方の曾祖母の強烈な感情記憶が原因であることが分かりました。

それは、とても強い「さびしさ」の感情でした。その方自身が「さびしさ」の感情記憶を持っていて同調してしまったため、自分のものか他の人のものか分からなくなってしまったのです。小一時間ほど、私の曾祖母の強烈な「さびしさ」の感情をアニカで感じたところ、その方の風邪のような症状はきれいになくなってしまいました。

この話で特徴的なのは、私の曾祖母の感情記憶にもかかわらず、私自身は最初、そのことに全く気づくことができなかったということです。ひとりで行う瞑想で自分の潜在意識を見るのが難しいように、自分の先祖の感情記憶に気づくのも難しいのでしょう。

そういうこともあり、アニカでは自分のことは他人に見てもらい、自分は他人のことを見てあげることにより、「心」の中に複数の観点を導入して、自分の家系の感情記憶に気づけるようにしています。

私は、病気というものはこうした「心」に存在する他者の感情記憶が原因であるものが少なくないと考えています。「病は気から」と言いますが、その「気」は必ずしも自分のものとは限らないということです。

病気だけではありません。人生の中で遭遇するあらゆる不都合は、もちろん自分が生まれてから経験したことが原因の場合もあるでしょうが、縁の深い他者の感情記憶によるものが少なくないのです。親、祖父母、曾祖父母、それ以前の先祖、あるいは過去世、ソウルメイトといった「心」を共有する過去に生きた人々（ルーツ）の感情記憶が、今生の自分の人生に大きな影響を与えています。

しかし、この地球において私たちは、彼らとは違う人格を持つ別個の人間です。私たちは過去のさまざまなしがらみから逃れて、自由に生きることができるはずです。そうするためには、自分の家族、家系の方々、過去世、ソウルメイトたちのネガティヴな感情記憶に気づき、共感することによって、「心」に溜まっているネガティヴな感情をきれいに掃除する必要があるのです。それが、ルーツアニカです。

今回、私が曾祖母の「さびしさ」に気づき、その感情を感じて処理できたことで、私の「心」から、また大きなネガティヴ感情記憶が一つ消えました。こうして、一つ一つルーツの方々の感情記憶を処理していくことにより、人生をより良い方向に変えていくことができるのです。

家系のクリーニング

繰り返しになりますが、自分の家族のネガティヴな感情記憶は、自分ではなかなか気づくことが難しいものです。私自身も経験がありますが、自分の家族、特に両親のネガティヴな感情記憶は、「感じたくない」というのが正直なところかもしれません。ですから、アニカでは自分のルーツのクリーニングは他人に任せ、自分は他人のルーツのクリーニングを行うようにしています。

他人というのはありがたいもので、自分では感じたくないネガティヴな感情記憶でも「他人ごと」として客観的に感じることができるのです。

こうしてソウルメイトたち（この地球で出会い、言葉を交わす人たちはすべてソウルメイトです。アニカをしあう人たちもソウルメイトです）が、お互いのルーツをクリーニングしていくうちに、自分たちの「心」がどんどんきれいになっていくのです。

もしそうしたことがご夫婦やパートナーでできれば、その家族やカップルは幸せになることでしょう。自分たちの家系のネガティヴ感情記憶をクリーニングすることで、それぞれの家に関係する過去のしがらみから解放されて、自由に生きることができるようになるからです。

自分の家系をクリーニングするためには、他者の観点を招き入れ、自分の「心」をよく見てもらう必要があります。ある意味では、自分の家系とは全く関係のない他者をパートナーとして迎え入れることにより、お互いの家を発展させようとする、いわゆる「結婚」という制度とよく似ているように思えます。

二つの家の交点としてのパートナーが、それぞれ相手の家系の感情記憶のクリーニングを協力しながら行っていくことで、それぞれの家系で生きている方も亡くなった方も、過去から継承してきたネガティヴな感情記憶という重い荷物をやっと降ろすことができるのです。そして、「心」の中心にいるパートナーは、本来の自分たちの人生を心から自由に生きることができるのではないでしょうか。

では、パートナーがいない方は、どうやって家系をクリーニングしたらいいのでしょうか？そういう方はアニカマスターコースの中でアニカの練習相手を見つけ、お互いに家系のクリーニングを進めていけばいいのです。プライベートなパートナー選びは、家系のクリーニングをしてからの方がいいに決まっているからです。

家系のクリーニングができていなければ、パートナー選びそのものが、過去のネガティヴ感情記憶の影響を受けたものになってしまいます。そこに罪悪感や無価値観があれば、その罪悪感や無価値観を現実化してくれるようなパートナーを選んでしまいます。異性に対する恨みがあれば、その恨みを現実化するようなパートナーが現れます。それでは困りますよね。

いまパートナーがいない方は、自分の家系のクリーニングを十分にしてからパートナーを見つけることをお勧めします。というよりも、家系のクリーニングが進めば、あるがままの自分を受け入れて幸せにしてくれる相手が自然に現れるはずです！

パートナーの問題にしろお金の問題にしろ、家系のネガティヴ感情記憶がブレーキになっているので、あきらめずにコツコツと掃除をしていけば、やがてすべては正常化していくのです。

悟りの臨場感

仏教の経典を読むと、「ブッダの説法を聞いていた大勢の人たちが、ただ聞いていただけで悟っていく」という光景がよく描かれています。彼らはブッダの話の内容を理解したので悟ったのでしょうか？　そうは思えません。

もしブッダの話の内容を理解しただけで悟れるのであれば、今の私たちでも経典を読めば誰でも悟れるはずです。しかし、実際にはそうではありません。ではなぜ、ブッダの話を聞いた人たちが簡単に悟ってしまったのでしょう？

そのわけは、ブッダが伝えていたのは、言葉だけではなく「悟りの臨場感」だからなのでしょう。ブッダの話を聞いていた人たちは、他人を見ているだけでその感情に共感するエンパシー能力を司る脳神経細胞、ミラーニューロンの働きによって、ブッダの「言葉を超えた悟りの感覚」を自らの潜在意識にコピーすることで悟ったのです。

イエス・キリストの生涯を描いた『ベン・ハー』（ウィリアム・ワイラー監督）という名作映画がありますが、映画の中で、イエスの愛の臨場感を浴びた主人公の心が浄化されることによって、家族の病気が治ってしまうという現象が描かれています。

イエスが主人公の家族の病気を直接、治したわけではないのです。主人公の潜在意識にある「恨み」というネガティヴな感情記憶をクリーニングしたので、その感情の影響を受けて病気になっていた家族の身体が正常化したのです。つまり、家族が病気になっていたのは、主人公の心にある恨みの感情が原因だったのです。

そういった話は、アニカで起こっている現象に非常によく似ています。アニカを受けてからはイライラしなくなったり、怒らなくなったり、ネガティヴな出来事に対する感情的反応が薄れたりするのは、アニカによって獲得した高いレベルの瞑想の観点から潜在意識に存在するネガティヴな感情に注意を向け、その感情を感じることによってクリーニングしているからです。

ネガティヴな感情と一体化せずに距離を置いて観察する一方で、その感情を理解し、共感し、寄り添って感じ切ることにより、潜在意識の中のネガティヴな感情は消えていきます。

共感というのは、ネガティヴな感情を消し去る最も強力なツールです。思いを伝えるのに言葉は重要な役割を果たしますが、共感するのに言葉は必要ありません。人は相手が自分を理解してくれているかどうか、言葉でコミュニケーションしなくても感じとることができます。相手が自分を分かってくれるという確信があって初めて、自分の罪悪感や無価値観を相手にさらけ出すことができるのです。

アニカは、言葉を超えたコミュニケーションです。それを「愛」といっても過言ではありません。いくら言葉を費やしても「愛」を完全に表現することはできませんが、私たちは日常生活の中で、確かに家族、友人、パートナーやペットと「愛」を交換する経験をしています。

これから私たちは、言葉を超えた共感によるコミュニケーションを意識的に行っていく時代に入っていくでしょう。言葉を使わないで、「愛」を伝える方法を考えてみてください。

量子論と東洋人の瞑想

およそ1世紀前にヨーロッパで生まれた量子論は、デカルト以来、西欧で支配的であった物心二元論を超える意義を持っています。量子論を創造したひとりであるハイゼンベルクは、以下のような言葉を残しています。

「われわれが観測しているのは自然そのものではなく、われわれの探求方法に映し出された自然の姿である。それは、自然とわれわれの心の相互作用である。自然を取り扱う科学にとって、研究の主体はもはや自然それ自体ではなく、人間の訊問にゆだねられた自然である。このやり方では、人間は自分自身に出会うにすぎない。この世界を主体と客体、内的世界と外部世界に分ける習慣的分類は、もう納得がゆかない」

量子物理学者はすでに、「物理的世界は私たちの意識が創造している」ことを科学的に証明していたのです。

古代の東洋人は瞑想によって、20世紀に量子論がやっとたどり着いた考え方に数千年前に達していたといわれています。欧米の物理学者が物心一元論を科学的に証明してから一世紀が経過しようとしている今、いよいよ私たちは量子論的世界観をしっかりと理解し、自らが創造した世界を自由自在に生きる時代が来たのではないでしょうか。

アニカで身体に手を触れて感じているものは、たとえば「温かさ」のような物質的な肉体の感覚だけではありません。ただ身体に触れているだけで、言葉では表現できないさまざまな感覚を感じるのですが、そこで感じる感覚は物理的な次元を超えた、情報次元に存在する思考や感情であると思われます。

相手の身体に触れた時に感じる強い緊張や激しい混乱のような感覚が徐々に消えていく、落ち着いていく、静かになっていくといった感覚に変化した時、その感覚とシンクロするように、相手が精神的に落ち着いたり、身体の痛みが薄らいだりという経験をすることが多いのです。

物理的世界を創っているのが私たちの意識であるならば、その意識が認識する思考や感情が物理的世界の本《もと》になっているのは明らかです。

信念体系や感情記憶は潜在意識に隠れているものなので、なかなかアクセスすることが難しかったのですが、アニカという新しいツールによって、自分に必要のない信念や感情記憶を楽に手放すことができる時代の到来は喜ばしいことではないでしょうか。

並行する生と死

仏教では、この世界には因果の法則があって、良い行為をすれば良い結果が生じ、悪い行為をすれば悪い結果が生じる、と教えています。

ブッダも長い輪廻の中で地獄にいたことがあるそうですから、悪い行いの結果、もし地獄に行くようなことになっても、それは自分の行いから生じた結果であることを悟り、地獄の苦しみから何かを学び、心を成長させることによって、また別の生を受けた時により良く生きられるようにする。そうした心の学習システムとして輪廻は存在するとも考えられます。

しかし、別に地獄に行かなくても地獄のような苦しみは今、この世界で十分に体験できます。仏教でいうところの「地獄の苦しみ」というのは、いま生きている私たちの心の中にある苦しみと言ってもいいでしょう。

「死後の世界」というのは物質のない世界のことであり（それを「霊界」と言おうと「高次元世界」と言おうと「情報空間」と言おうと、何ら変わりありません）、そうした物質のない世界をも、私たちは今、この瞬間に生きているのです。

たとえば、さまざまな思考や感情は「物質のない世界」で行われています。そしてその物質のない世界で行われた活動が、まるで映写機で写し出されたように物質世界に投影され、その投影を私たちは経験しているのです。そう考えれば、私たちは今、この瞬間に「死後の世界」を体験しているとも言えるでしょう。

「死」というのは「生」の裏側にあります。「死後の世界」というのは、「生」の時間的なあとに起こるものではなく、「生」と並行して存在するものなのです。

ビッグバンが存在したならば、この世界の物質はすべてビッグバンの時に生じた量子のもつれに影響されているでしょう。すべてはひとつの関係性の中にあり、何かが変わるとすべてが光速を超えたスピードで変化します。

私たちが心の深い部分で変化を起こすと、世界全体が光速を超えたスピードで変化するのです。そういう認識を持ちながら生きていけば、世界はより自由に生きられる場所になるのではないでしょうか。

「子ども」という宇宙を創造する

私たちの日常的感覚では、ひとつの物理的な地球があって、多くの人がその空間を共有していると考えています。ですから私たちは、この世界の中で誰でも常に同じものを見ていると考えがちです。

ところが、認知科学によれば、私たちが見ている世界は一人ひとり全く異なるといわれています。たとえば、何人かの人がひとつの部屋の中にいても、それぞれが認識しているものは、それぞれが何を重要だと信じているかによって異なるのだそうです。

量子論のコペンハーゲン解釈では、この世界は電子の雲で出来ていて、人が観測したとたんにその雲が光を超えたスピードで収縮し、物理的なモノを形作ると言われています。「月は人が見ていない時には存在せず、人が見たとたんに存在する」と言う物理学者さえいるほどです。

そこまで行かなくても、おでこにひっかかっているメガネを探している人にとってメガネは存在しません。つまり、「認識できないことは存在しない」ことと同じことなのです。

そういう意味からすると、世界は確かに認識することで創られていると言えるでしょう。世界は私たちが観点を持っているからこそ存在するのであり、一人ひとりの人間が別々の観点を持っているのですから、それぞれにとって存在するものは違うし、それぞれが経験する宇宙は異なるのです。私たちはひとつの地球を共有しているのではなく、それぞれが全く別々の地球を経験しているとも言えるでしょう。

もしそうであるならば、「子どもをつくる」ことは一つの新しい観点を生み出すことになるので、私たちは新しく一つの宇宙を創造することができると言えます。

子どもが一人いる人は、一つの宇宙を創造したということです。二人いる人は二つの宇宙を、三人いる人は三つの宇宙を……。つまり、宇宙を創造する能力を持った私たち人間は、神であると言ってもいいのではないでしょうか。

宇宙人の同窓会

アニカをしているといろいろな話が出てきますが、ひょっとすると、アニカは大規模なリユニオン（REUNION、再会、同窓会）プロジェクトなのかもしれません。初期のアニカマスターコースに参加してリユニオンという新しいヒーリングエネルギーを発見した女性から、次のようなメッセージをいただきました。

こーいちろーさん、おはようございます。

実は昨日、無性にこーいちろーさんにヒーリングしなきゃいけないという気持ちになって、アニカを始めると、途中から別のヒーリングのエネルギーに変わり、最後の後頭部の手のポジションになった時に、「福禄寿」みたいな額から頭にかけて、長い

お顔の方が現れて……その方は、こーいちろーさんの前世の宇宙人さんだと直感で分かりました。

で、その方に「ありがとう」を連発され、ヒーリングをしていくように伝えられました。非常に光が強く、宇宙的で、智慧とマスター性を感じられる方でした。シリウス系だなぁと感じました。

振り返ってみると、私がそのエネルギーを流せるようになったきっかけは、マスターコースでこーいちろーさんに頭などにアニカをしていただいたあとからだったと気づきました。それからは非常に宇宙的になり、ある受講生の方がシリウスにいたことがあると直感で分かりました。集中アニカをした時に私が頭から流していたのは、アニカじゃなくて、あのエネルギーでした。

どうやら、こーいちろーさんを通じて、私、そのエネルギーを伝授されたようです(笑)。で、私の後ろについてヒーリングに直接携わっている方は、こーいちろーさんの前世の宇宙人さんですが、その後ろにはたくさんのいろいろな星の宇宙人さんの意識の集合体があり、おそらく、私も含めこれからこのヒーリングを受けていかれる方の前世の宇宙人さん、またはその方たちに前世においてかかわりの深かった方々のようです。

このヒーリングは、アニカを受けた方がさらに宇宙の意識を思い出し、前世の私たちが、「さまざまな宇宙人たちが協調して何かをしていた感覚を呼び起こしながら、地球上でその宇宙的な友愛精神を感じる社会を構築していく」ためのヒーリングのようです。

　これからは、それぞれがもっと個性と創造性を活かした仕事を助け合いながらしていって、みんなで社会を構築していき、それがなんとも楽しいことだそうで、そのためにみんなで集まって地球にやってきたらしいのです。

　昨日、こーいちろーさんに施術させていただいた時は、意識の構造が他の方とまるで違っていて、非常に大きな意識で、「あぁ、こーいちろーさんって本当に宇宙人なんだぁ。しかも並みの宇宙人ではない」と感じました。私もシリウス・プレアデスにいた時にお世話になったみたいで……ありがとうございます。

　昨日のヒーリングで、こーいちろーさんの宇宙的トラウマがクリアになったので、これからますますご活躍されるそうです。とってもやりがいがあるそうです。私もとてもワクワクしています。

この新しいエネルギーは〝リユニオン《REUNION》〟と命名され、現在ではアニカマスターコースの卒業式で授与しています。

アニカは地球的な物理次元の制約の下《もと》に生じた、さまざまなネガティヴ感情記憶をクリーニングするツールですが、リユニオンはある程度地球的な信念が処理されたあとに、宇宙から地球を見下ろすような抽象度の高い観点を潜在意識に導入するものです。

人間は「言わなくても分かる」

人類は男性、女性という二つの性から成り立っています。陰陽のように二つの異なる性質を持つものが組み合わされて世界を構成しているというタオイズムの原理からすれば、男性・女性という二つの異なる要素がお互いをよく知り、ひるがえって自身のこともよく知ることができれば、世界はより平和になるでしょう。

私たちは言葉を使えますから、お互いよく知りあうのに言葉でコミュニケーションすることは欠かせません。言葉を使って自分の気持ちを伝えあうことができなければ、分かり合うことは難しいでしょう。

しかし、人間がコミュニケーションするのに言葉以外の方法があるのも確かです。そこでは、より豊かな五感を駆使したコミュニケーションが可能です。相手に対する愛情を伝えるのに「愛している」と言葉で言うこともできますが、「愛している」というひとことにも、人により場合によりさまざまな感情が込められています。それがどのような感情であるか、ひとつひとつ言葉で解説しなくても、私たちは感情をダイレクトに受け取ることができます。

ですから、言葉を使わなくても自分が相手をどう思っているか伝えることができるし、ひょっとするとその方が、言葉より多くの情報を正確に伝えることができるかもしれません。

言葉を使わなくても分かり合えるというのは、「阿吽《あうん》の呼吸」という言葉があるように、日本人にとってある意味、理想的な人間関係です。わざわざ言葉にして言わなくても、自分が求めているものを分かってもらえて、それを先回りして用意してくれる、ということがお互いにできたら何とすばらしいことでしょう。しかし、「そんなパートナー関係は夢のまた夢だ」と考えている人たちが大多数でしょう。

しかし、人間が「感じる」という能力を十分に発揮できれば、そのような関係も決して夢ではないはずです。そのためのトレーニングもアニカマスターコースでは提供しています。

それは、「思い込み」という思考をいったん脇に置いて、相手に手を触れ、じっくり感じてみることです。人間は本当は「言わなくても分かる」ものだということが、言葉を介さずに相手をダイレクトに感じるトレーニングを続けることで身体的に理解できます。相手が苦しんでいることも十分よく理解できます。しかも相手の苦しみが分かって共感できたら、その苦しみは消えていきます。

アニカは組織も含む人間関係全般に応用できますが、最も身近で重要な人間関係であるパートナーとの関係改善に大きな力を発揮することでしょう。

身体は分かれていても心はつながっている

アニカをしていると、「人と人の心の間には本当は境界などない」ということをだんだん実感してきます。相手を感じているうちに、「ここまでが私の領域で、ここから先はあなたの領域」という境界線が薄れてきて、身体は分かれていても心はつながっていることが理解できてくるのです。

悲しみや怒りの感情が感じられても、それが自分のものなのか相手のものなのか、それとも過去に生きた誰かのものなのかよく分かりません。しかし、その感情を感じているうちに感覚が徐々に変化して消えていくと、自分の心からも相手の心からもネガティヴな感情が消え、浄化されたようなスッキリした気持ちになります。

アニカを受けたあとは、怒りやイライラが少なくなる、心配や不安が減る、自信が湧いてくるなど、心の内面の変化が実感できることが多くなります。しかし、アニカを受けた人だけではなく、家族や友人や職場の同僚など周囲の人たちの態度や行動が変わることもよくあります。アニカを受けた人だけではなく、周囲の人たちにまで影響が及ぶ理由を考えてみると、心の変化がその人の経験を変えるのではないかと思います。何も働きかけていないのに周囲の人たちが変わるのは、実は周囲の人たちが変わったのではなく、その当人の世界に対するものの見方が変わったので、そこでの経験も変化したのではないかと考えています。

「思考が現実化する」と言いますが、周囲の人たちがどのような人であるかは、実はその人たちを見ている人の意識が決めています。意識が変わることによって周囲の人たちの見え方も変わってきます。私たちと周囲の人たちはつながっているのです。彼らは私たちの心の反映であるとも言えます。

変化は人だけではなく、環境に及ぶことさえあります。たとえば、よく報告されるのがアニカを受けてから渋滞に巻き込まれなくなったという話です。「毎日のように渋滞に巻き込まれていたのに、アニカを受けてから毎日道路が空いていて、以前より早く職場に着くことができるようになった」という話をよく聞きます。

私たちの世界は、意識が起点となって存在しています。意識を変えることによって経験する世界を変えることができるなら、それはとても良いニュースではないでしょうか。だって、世界を変えることは簡単ではなくても、自分の意識を変えることはいくらでもできるのですから……。

五感を超えた感覚で

アニカマスターコースで私が繰り返し言うことがあります。それは、「アニカをしている時に、何かのイメージが見えなければならないわけではない」ということです。

私自身もイメージは全く見えませんが、ちゃんとアニカはできています。しかし、そう説明しても、「私は何も見えないから、アニカがちゃんとできていないのではないか」と心配する方がいます。

「何かが見える」ことが「アニカができている」、「能力がある」ことと勘違いしているのですが、イメージが見えることとイコール、深く感じられていることではありません。

人によって得意な感覚のチャネルは異なります。視覚が得意な人、あるいは触覚が、聴覚が、味覚や嗅覚が得意な人もいます。特に女性はイメージが見えることが多いので、視覚が得意な人が多いようです。

そうした豊かなイメージが見える人たちの中で自分が感じたものをシェアしていると、どうしてもイメージが見えないことが「劣っている」ことのように思えてくるのかもしれません。

しかし、視覚が得意なことがアニカの能力がすぐれていることにはなりません。感じ方が深くなってくると、それまで見えていたイメージが見えなくなることさえあるのです。「何かが見える方がすぐれた能力がある」という思い込みを手放す必要があります。

禅の世界で、座禅中に何かイメージが見えることを「魔境」と言うように、イメージが見えることは、見えたものへの感情的反応や特殊な能力への執着を引き起こすことがあります。禅では体験を重視しますが、体験の解釈にはほとんど関心を示しません。「あることについて語ったとたん、見当はずれになる」とまで言われています。ヴィパッサナー瞑想でもイメージが見えたら、「イメージ、イメージ」、「見えている、見えている」などと観察して放っておき、身体の感覚に注意を戻します。

アニカ中には意図的に何かを見ようとせずに、自分の感じ方をしっかりつかんでください。「感じる」ということへの思い込みを手放して、五感を超えた感覚で感じてみてください。

もちろん、だからといって何かが見える人がそれを否定する必要は全くありません。自分のあるがままの感じ方を大事にしてください。

自分が感じていることを尊重する

アニカは誰にでも簡単にできます。なぜなら、「感じる」ことは知的能力や知識に関係なく誰にでも備わっている能力だからです。

人によって感じ方はさまざまです。誰でも得意なチャネルを持っています。視覚が得意だったり、触覚だったり……。人によっては複数の感覚を脳の中でミックスしたり、感覚器官に制限されない直観みたいな感覚を得ることさえあるかもしれません。「正しい感じ方」というものはなく、各人が感じている感覚こそが各人にとっての「正しい感じ方」なのです。

しかし、現代の社会では「感じる」ことより「考える」ことが重要視されています。子どもたちは、自分が生まれた社会で「正しい」とされていること、「常識」とされていることを半ば強制的に学ばされます。しかし大人になると、「正しさ」や「常識」というものが他の文化では必ずしも同じではないことを思い知らされます。

「郷に入っては郷に従え」という言葉があるように、特定の文化の中にいる時はその文化の習慣に従うべきという考えも一理あるでしょう。しかし、反社会的な行為をするのでもない限り、どのような文化においても、私たちは自分の感覚に従い、自由に生きていってかまわないのではないでしょうか。

自分が感じていることより社会からの要請を優先していると、感じる力はどんどん失われていきます。「自分が本当は何をやりたいのか分からない」という方がたくさんいます。仮にやりたいことがあったとしても、無意識のうちに社会が高く評価していることをなぞっているだけかもしれません。自分以外の誰かが創った価値観を無条件に受け入れているうちに、自分にとって本当は何が大切なのかが分からなくなっているのです。

しかし、自分のやりたいことをやって成功している人は、自分の感覚を大切にしています。ですから、自分が本当にやりたいことを見つける第一歩は、「自分がいま、何を感じているか」をしっかり意識することです。そして、感じたことを世間で正しいとされていることより尊重することです。文化によって異なる「正しい」ことよりも、ひとりの人類として自分が感じていることの方がより普遍的なのです。自分が感じていることを尊重することは、自分を尊重することにもつながります。

「こんなことをしたら周囲から非難されるのではないか？」という怖れが、私たちの心の中には常に存在します。自由に生きるのに最も重要なことは自由に考えられるようになることです。そのためには、本を読んだり、さまざまな国の人と接したりして、「世の中にはこんなことを考えている人もいるんだ」という知見を広めることも効果的です。しかし、自分がどうありたいか、本当は何をやりたいかを見出すためには、自分の感覚を認めることが欠かせません。ぜひ、自分の感じていることに正面から向き合って、しっかりと感じてみてください。

自分を愛することができない理由

生きるうえで最も大切なことは、「自分を愛する」ことです。でも、かくいう私も「自分を愛する」ことがなかなかできずに苦労した一人です。

誰でもそうだと思いますが、何か不都合な出来事が起きた時、私たちは「自分が悪い」と責めてしまいがちです。しかもタチが悪いことに、「自分が悪い」と内心思いながらも、自分を守るために「そんなことはない」、「私ではなくてあの人が悪いのだ」と反発します。自分が悪いかどうかは、時と場合によっても違うし、どんなことが起こっても誰かひとりの個人に責任があるとは言えないのです。

心は個人の脳に存在するのではありません。心は、目に見えない広大な情報空間で、関係者一同の心と相互作用するような形で存在しています。その大きな「心」が現実に反映することで、さまざまな現象を創りだしています。そのため、私たちが考えていることが全体の「心」に大きな影響を与えるのです。

もし、そのような「心」の仕組みの中で「自分を愛する」ことができなかったら、どうなるでしょう？　この世で起こる不都合なことはすべて自分のせいになってしまいます。「自分を愛する」ことができたら、その大きな「心」の中でゆったりと安心していられるし、他者にも良い影響を与えることができるでしょう。何が起こっても、誰かのせいにもしないで済みます。「自分を愛する」ことができないのは、とてもつらいことです。

自分を愛することができない理由は、いろいろあります。

たとえば、自分が子どもの頃にいろいろ嫌な目にあって傷ついている場合です。子どもほど大変な思いをしている存在はありません。大人は家が嫌だったらさっさと出ていけますが、子どもはそうはできません。子どもはどんなに嫌な思いをしても逃げ場がないのです。その逃げ場のない苦しい思い出が、私たちの「心」の中に何十年も残っている場合があります。

そうした場合には、「自分を愛する」どころではなく、過去の苦しみの感情と一体化してしまい、苦しかった自分を反復することで現実にさまざまな問題を創りだしていることも多いでしょう。人はそういう時にはポジティヴに考えることがなかなかできません。過去の苦しい感情を誰かに感じてもらい、理解して、共感してもらうことでしか、いやされる術《すべ》はありません。

「自分をいやしてくれる人」はなかなか見つからないかもしれませんが、自分から変わろうとする意志があれば必ず見つかります。「心」はひとりのものではないのですから、「自分を愛する」ことも自分ひとりではできないのです。他人がいて、お互いが愛し合うことで、初めて「自分を愛する」ことができるようになっていきます。「人はひとりでは生きられない」というのは、そういうことを指しているのです。

アニカはいやしの技術ですが、ひとことで言えば、「つらい感情を感じて、共感する」ということを、時間をかけ、丁寧にしているのです。家の中にひとりでも家族のつらい思い出を共感して感じてくれる人がいたら、家族の心はどんどんきれいになって楽になっていくでしょう。家庭が本当に安心して過ごせる場所になっていきます。

私は、安心して過ごせる家が世界中にたくさんできることを願ってやみません。あなたもぜひ、安心して過ごせる家の「創り手」になってください。

仲間と「心の大掃除」を

私たちは、自分の家の掃除は問題なくできます（私のように掃除が苦手な人間もいますが……）。どこが散らかっているか、どこが汚れているか、一目見れば分かりますね。

しかし、心の掃除はそう簡単にはできません。自分の心のどこをどのように掃除すればいいのかが分からないのです。たとえば、「心が重い」とか「悲観的になってしまう」とか「理由のない悲しみやさびしさが常にある」とか、そのような場合にどのように掃除していいか分かりません。

そうしたネガティヴな感情は、気まぐれに現れては私たちの心を揺さぶります。もちろん仕事や家事など、現実生活への影響も多くあるでしょう。放っておけば、その感情は心の中に溜まり、大きな問題につながっていくかもしれません。

こうした心の中にある楽しく生活していくことを妨げる感情には、どのように対処すればいいのでしょうか？　ポイントはいくつかあると思います。ひとつは「思考で対処しないこと」。もうひとつは「ひとりで抱え込まないこと」です。

「思考で対処する」というのは、たとえば理性的、合理的に考えたらそんな感情に意味はないのだから無視すればよい、と考えることです。

あるお母さんから聞いたお話です。子どもはお腹が空いていても、すぐに食べ物が与えられればすぐに泣き止みます。しかし、すぐに食べ物が与えられないと、不満が大きくなりすぎて、食べ物が与えられてもすぐには食べようとせず、なかなか泣き止まないそうです。

つまり、現実的な解決策を与えられても「満たされなかった思い」をいやしてあげないと前に進めないのです。感情的になってしまった心は、理性的あるいは合理的な解決だけでは満足できなくなるのです。とりあえずは「不満な心」に寄り添い、よく感じて、分かってあげる必要があります。

もうひとつの「ひとりで抱え込まないこと」ですが、結局、足りない心を満たすことは自分ひとりではできないということです。もし私たちが神でしたら、感情を抑えて、状況を客観的に見て、思考を切り替え、最善の行動がとれるでしょう。しかし、私たちは神ではありません。自分を客観的に見ることはとても難しいことなので、他人に自分を見てもらう必要がありま す。何よりも他者から理解されること、受け入れられることが「足りない心」を満たしてくれます。つまり、私たちがいやされるためには誰かの助けが必要なのです。

「心の大掃除」を自分ひとりでやろうとしても、孤独でつらい修行のようなものになってしまうことでしょう。仲間と助け合い、心の中をさらけ出しあいながら心の大掃除をしていくのがいいようです。その時にはぜひ、アニカという心の掃除機を使いこなしてみてください。

＊＊＊

人生にとって、「都合の悪いこと」はスパイスのようなものでしょう。ですから、人を恨んだり、罪悪感を持ったり、怖れを抱いたりする経験も、人生においてポジティヴとネガティヴの最大の振幅を楽しむという意味では必要なことかもしれません。

始まって3分でハッピーエンドになってしまう映画は、つまらないですよね。人生の時間を大いに使って、最悪から最良への、山あり谷ありの旅をゆっくり楽しんでいくのが、地球で生きる醍醐味ではないでしょうか。

第6章

アニカが生まれるまで、そして過去世との対決

私の関心は「人間の心」に

私は1960年に東京都の大田区で生まれました。私が覚えている最も古い記憶は、家の裏に井戸があり、そこで母や祖母が洗濯板を使って洗濯をしている風景です……。そんな時代でした。

都立高校を卒業後、一年浪人して小さな大学に入学し、社会学を学び、文化人類学を専攻しました。文化人類学は主に伝統的な社会の文化を研究する学問ですが、その頃から宗教など人間の心の活動に関心が向いていたのかもしれません。当時、大学でカウンセリングなども学んだ記憶があります。

卒業する時期になっても就職活動は一切しませんでした。どうしても就職する気になれなかったのです。何か、最初から最後まで自分ひとりでやれるような仕事はないかと探していました。そして見つけたのが、翻訳という仕事でした。翻訳であれば、最初から最後まで自分ひとりで出来ますからね。

その頃はパソコンが普及し始めた時代です。コンピューター関係なら翻訳の需要も多いだろうと考え、コンピューターの勉強を独学で始めました。結果的に翻訳よりもコンピューターのソフトウェア開発の方が面白くなり、小さなソフトハウスに転職。そして、30歳の時に自分の会社を設立することにしました。

当初は、主に企業からソフトウェアの開発を受託して仕事をしていたのですが、自社製品を持つことの重要性に気づき、翻訳の経験を生かして翻訳支援ソフトを開発しました。インターネットが普及してからは、検索エンジンに関係するソフトウェア開発なども行いました。しかし、私の関心は少しずつ、ソフトウェアから「人間の心」に移っていったのです……。

あるコンサルタントの方に言われたことがありました。

「一見、ソフトウェア開発とアニカは全く異なる仕事のように見えるけれど、プログラムの不具合を直す仕事は、人の心の不具合を直す仕事と共通点があるように思える」

確かに、そういう共通点はあるかもしれません。

ヨガと気功

仕事がかなり忙しかったこともあり、30代半ばになるとかなり身体に無理がかかっていることに気づきました。以前からヨガに興味があったので、自宅近くのヨガスタジオに通うようになります。

数年間通ったあと、他のヨガにも興味が出始め、それからはさまざまな流派のヨガを試してみました。中でも、運動量の多いアシュタンガヨガ（注：呼吸と動作を調和させながら一連のポーズを連続して行うヨガ）にハマりました。最初は筋肉痛に悩まされましたが、一度身体ができてしまうととても爽快で、最初の太陽礼拝だけで明らかに身体が喜んでいるのが分かりました。

しかしある時、「これ以上、ヨガを続けても先に進めない！」という感覚になりました。そこで気功をやってみようと思い、タイミングよく知人から気功の先生を紹介してもらうことができました。

初めて気功の先生のセミナーに行った時、チャクラを全部開けて松果体を活性化するということをされました（あとになってそういうセミナーではよくあることだと知りましたが……）。その時は、少しだけ「何かを感じたような気」がしただけでした。

その年の秋、上野の美術館に行った時のことです。平安時代から江戸時代までの木彫りの大きな仏像を日本全国から集めた大きな展覧会が開かれていましたが、会場に入った瞬間、一体一体の仏像から何かがシュワーと出ているのが感じられます。会場を一周している間に、手の平がしもやけ状に真っ赤になり、かゆくなってきました。それからは、少しずついろいろなものが感じられるようになりました。

そして印象に残っているのは、やはり上野で仏像の展覧会に行った時、売店の前で強い感覚を受けたことです。何十巻ものビデオセットが販売されており、サンプルとして空海をテーマにしたビデオが流されていたのですが、その場所で低周波のような強いエネルギーの流れを感じました。

そしてある日、ガン専門の代替医療の病院にアルバイトに行きました。友人に代わりを頼まれたのです。そこでは、竹をフィラメントにした電球を使った光線療法を行っていて、そのオペレーターをしていました。

患者さんに一定時間、光線を当てるのですが、それ以外にはすることがなかったので、その場に意識して気をずっと流すことをしていました。一日中そこにいたので、何時間も気を流し続けていたのです。

2週間のアルバイトが終わると、感覚が鋭くなったような気がしていました。そして、自宅でモーツァルトの音楽を聴くと、モーツァルトの音楽から出ている「気」を感じることに気づきました。モーツァルトの音楽の気は音楽の盛り上がりとは一切関係なく、再生すると微細な波動の波が身体に触れるような感覚です。再生を止めると、その波は一瞬で消えてしまいます。

再生すると、また同じ波の感覚を感じました。

このようにして、私は少しずつ不思議な世界に入っていきました。しかし、だからといってそれが超能力のようなものであるとは全く思いませんでした。私は修行も何もしていないごく普通の人間ですから、「誰にでもできる」ことだと考えていたのです。

ヴィパッサナー瞑想との出会い

いつからか自己流の瞑想を毎日するようになっていました。自宅近くの多摩川の川べりまで行って瞑想していました。ただ座って目をつぶっているだけだったのですが、ある時、「ヴィパッサナー瞑想」のことを知りました。

ヨガをしている人の間では、ヴィパッサナー瞑想と言えば、ゴエンカ氏のヴィパッサナー瞑想のことでしたが、私が知ったのは初期仏教のヴィパッサナー瞑想でした。どこが違うかというと、初期仏教の方には歩き瞑想があるのです。ゆっくり歩きながら足の感覚を感じるという、シンプルな瞑想法です。

歩く瞑想に新鮮さを感じ、しばらくやってみることにしました。夏でしたので、涼しい夜に外を毎日1時間ほどゆっくり歩きます。1週間ほど続けた時、驚いたことに「怒ることをやめる」ことができるようになっていました。

それまでの私は衝動的な怒りを抑えることが難しく、怒りを爆発させると自己嫌悪のため2日間ほどいやな気分を抱えこむようなことを繰り返していました。自分の中に「怒ってはいけない」という抑圧があり、本当は怒っているのにそれを外に向かって表現できないことで、ストレスを溜め込み、それが限界に達したとき、怒りのエネルギーをすべて放出していたのだと思います。怒ることに罪悪感があったので、実際に怒ってしまうと自己嫌悪になるのは当然のことだったのでしょう。そんな自分が、怒るのをやめることができるようになったのですから驚きました。

1週間、歩き瞑想を続けたあとは、まるで24時間心の動きを監視するモニタープログラムがインストールされたように、自分の感情の動きが敏感に分かるようになりました。怒りを感じた瞬間に気づけると、その時に怒ることを続けるかやめるかを選択できるようになるのです。

無駄にダラダラと考え続けることもなくなりました。自分が考えていることに気づけると、そこでやめることができるので、仕事にとても集中することができるようになっていました。

瞑想合宿に参加して

歩き瞑想を1週間続けただけでこれだけの効果があるのだから、本格的に取り組めば自分をより良く変えることができるかもしれないと考え、ヴィパッサナー瞑想の合宿に参加しました。

瞑想合宿では9日間、朝5時と夕方5時に参加者全員で1時間の座り瞑想を行う以外は、各人のペースで瞑想をします。歩き瞑想と座り瞑想を1時間ずつ交互に繰り返すことが勧められ、合宿中は必要最小限の会話しか許されず、食事を含むほとんどの時間を沈黙のまま過ごします。

合宿中にいろいろと不思議な体験をしました。朝の立ち瞑想の時、本殿の仏像が乗っている台の前面の金属部分に何かチラチラと動くものが見えます。よく見てみると、白黒のアニメーションが映っています。そんなところにアニメーションが映っているわけがありません。目と脳の間のどこかで、過去の記憶が映像として再生しているとしか考えられませんでした。

またある日の午後、瞑想に疲れて部屋に帰り、横になって目をつぶると太陽が見えます。しばらく目を閉じていることに気づかずに、なぜ部屋の中で太陽が見えるのだろうと思っていましたが、目を開けてみると部屋の中は薄暗いのです。もう一度目をつぶると、確かに太陽のような光が見えました。

5日目の朝。座り瞑想の時だったと思います。目を閉じているのに、まぶしいほどの光が見えるのです。朝の日光が差しているのだと思い、そのまま瞑想を続けていると、突然、身体の感覚が全く感じられなくなりました。身体が無くなり、意識だけになったように感じましたが、まぶしい光はずっと見えています……。しばらくすると、身体の感覚が戻ってきました。

9日間の合宿を終えて帰宅すると、自分の心の在り方が全く変わっていました。翌日から仕事を再開して驚いたのは、いくら仕事をしても全く疲れないのです。たとえば、仕事を始めて3時間、ずっと作業に集中することができ、しかも全く疲れません。

はじめての「アニカ」

合宿からの帰宅後すぐに、オフィスにウェブデザイナーの女性が私を訪ねてきました。私は何の気なしに、「彼女にヒーリングをしてみよう」と思い立ちました。時々、気功でのヒーリングはしていたのですが、それとは違った感じで、身体に手を当てて、瞑想するように感じてみよう、と……。

すると、彼女の姿勢が変わってしまうほどはっきりと効果が生まれました。その方は元々感覚の鋭い女性だったのですが、ヒーリング後は「姿勢が良くなり、歩いた感じも全く違う」というのです。ウォーキングでは頭頂に糸をつけ上から引っ張られるような感じで歩くように教わりますが、その状態が「何の努力もせずにできてしまう」というのです。

そこで、他の知人にも何人か同じようなヒーリングを試してみました。結果はさまざまでしたが、「精神的にスッキリした」、「悩んでいたことがあまり気にならなくなった」といった反応が多くありました。

私はそのヒーリングがどのようなものか全く分かりませんでした……。しかし、直観的に「このヒーリングを仕事にしよう」と思いついたのです。そのヒーリングにアニカという名前をつけました。初期仏教のパーリ語経典にanicca（アニッチャ、「無常」の意）という言葉があって、それからとったのですが、読み方を知らなかった私は「アニカ」と誤読していたのです（笑）

あとから思い出したのですが、アニカを始める数年前、あるビジネスセミナーに参加し、『自分のコアを見つける』というワークを行いました。自分のコアというのは「人生の中で本当にしたいこと」、「自分が本来あるべき姿」のことです。その頃、私はコンピューターのソフトウェアの開発と販売の仕事をしていたのですが、なぜか「人間の意識を変える新しい方法を開発して普及させる」と書きました。そんなことを書いたこと自体、すっかり忘れてしまっていたのですが……。

そして、数年後――。瞑想合宿に参加したあと、「人間の意識を変える新しい方法」ができていました。瞑想合宿に参加したのはあくまで趣味としてであり、何かの技術を開発するというような意図は全くありませんでした。しかし、「自分のコア」がいつの間にか実現してしまったのです。

過去から自由になるために

あるSNS（ソーシャル・ネットワーキング・サービス）で、「アニカという新しいヒーリングを始めるので、受けてみたい人は連絡を！」と投稿しました。すると、今まで交流すらなかった人たちからの数多くの申し込みが舞い込みました。私の日記を以前から読んでいて、興味を持ってくれていたようです。

なかでも、九州には「アニカを受けたい」という人が何人もいらっしゃったので九州に行ってみることにしました。鹿児島、宮崎、博多、小倉と周り、8名ほどの方にアニカをしました。その際に半数の方々が、アニカを受けた直後から大きな変化を経験しています。

宮崎在住のある女性は、以前から身に覚えのない戦争の記憶が出てきて、水に対する恐怖がありました。どうして水が怖いのか分からないのですが、戦争の記憶に関係があるのでしょう。お風呂に入るのも怖いというのですが、何十年も続いたその恐怖がアニカの一度のセッションでなくなってしまいました。

小さい頃に父親を亡くした悲しみを感じられずにいた方は、初めてその悲しみをしっかりと感じることができ、気持ちが楽になったということでした。

そしてある時、私は不思議なことに気づきました。一度アニカを受けると、受けた方自身もアニカができるようになるのです。一種の伝授のようなものでしょうが、おそらく自分を客観的に見る瞑想の観点を潜在意識にコピーできるからではないか、と考えました。

ところで、多くの日本人は他人がつくった社会の基準に従って生きようとする癖がついていますね。本来なら自分の感覚を優先した方が人生において成功するでしょうし、何よりも楽なはずなのにです。ですからアニカでは、「自分が感じていることをしっかり認識し、自分の生き方を自分で決められる」ように教えることにしました。それが、アニカマスターコースです。アニカを学ぶというのは、一人ひとりが自分の感じたことを尊重して生きていけるようになることです。

アニカマスターコースでは、かなり状態の悪い人でも5〜6カ月で精神的にも身体的にとても元気になることが分かっています。自分の心の中に棘《とげ》のように刺さっている、「〜しなければならない」、「〜してはいけない」という他者の信念を取り除くだけで私たちは元気になれます。それは、本来の自分になれるからなのです。

九州との縁──南阿蘇への移住

2013年の3月──。私は長年住んだ東京から熊本県阿蘇に引っ越しました。「なぜ?」とよく聞かれます。人工物だらけで人が多すぎる東京の生活がしんどくなったこともありますが、最も大きな理由は、私の先祖や過去世に縁のある場所が九州であることが大きく影響しているようです。

アニカができるようになる数年前のことです。私は一人旅などほとんどしたことがないのですが、突然、一人で九州に行きたくなりました。その時は熊本県と大分県の別府に友人がいたので会いに行くことにしました。友人から南阿蘇の白川水源を勧められたので、最初にその地を訪れ、友人と別れたあとは別府に向かいました。別府の友人はSNSつながりの女性で、実際に会うのは初めてでした。しかし、なぜか初めて会ったという感じがしないのです。話が妙にスムーズですし、しかもとても落ち着くのです。

彼女はアロママッサージをしていたので、彼女のサロンでマッサージを受けることにしました。マッサージを受けている最中、上の方から「ありがとう……」という感謝の気持ちのようなものが下りてきました。感じているうちに、涙ぐんでしまいそうにもなるのです。

それから数カ月後。東京でチャネリングを教えている友人のセミナーに遊びに行くと、その友人が「あなたは元々は九州の人だ」と言うのです。あとで父に聞いてみると、「確かに四代前は大分にいた」と言うのです。大分が私のルーツだったのです。私はそんなことは全く知りませんでした。

またその友人からは、「(マッサージをしてくれた)その人とは恋愛関係がある」と言われました。「いや、彼女は結婚しているし、ただの友人だよ」と言うと、その友人は「いや、先祖同士が恋愛関係だった」と言うのです。他にもいろいろと話を聞いてみると、彼女の実家の一族はもともと阿蘇の南の地域に住んでいたそうです。阿蘇の南といえば、私が九州で最初に訪れた白川水源のあたりです。先祖にまず最初にそこへ呼ばれたのかもしれません。

2016年4月に熊本地震が発生するまで、私は南阿蘇で暮らし、落ち着いた気持ちで生きることができました。自分が生まれる前の過去に何があったかは分かりませんが、何かの縁でこの地に導かれ、毎日気持ちよく生活できたことに感謝の気持ちでいっぱいです。

日本人以外にもアニカの効果が——パリにて

私は、ヒーリングの本場であるヨーロッパにおいて、アニカがどのように受けとめられるか試してみたいと考えていました。

フランス在住でスピリチュアル系のワークショップを主催している女性との縁のおかげで、2015年4月、パリでアニカのワークショップを開催することができました。

フランス語、英語、日本語の言語別に3日間のワークショップを行い、22名の方にアニカを伝えることができました。参加者も多彩で、フランス、カナダ、イギリス、メキシコ、セネガル、そして海外在住の日本の方々にも参加していただきました。初回にしては大成功だったと思います。

初日にフランスの方から「アニカは日本人には効くかもしれないが、意識構造が違うので西洋人には効かないのではないか?」という質問がありました。私は「今回が初めてなので、今の段階では私にも分かりません。ただ、午後にアニカの実習を行うのでその時にははっきりと分かるでしょう」と答えました。

そして、実際にアニカを受けていただき、アニカをする側の体験もしていただいた結果、日

フランス・パリでのアニカ・ワークショップ

本人以外にもアニカが同じように効果があることが分かりました。

実際、初日の最後のアニカの実習では、こちらが指示した以上に皆さん自由にアニカを楽しんでいました。海外の方々は自分の感覚を大切にしているようで、相手に触れるポイントも自由に選んで感じていました。

「フランス人は話好きだから、シェアや質問が止まらないだろう」と言われていましたが、実際、シェアが始まると延々と話し続けてらっしゃいました。初日のフランス語のワークショップでは、夕方4時の終了予定が過ぎ5時半頃になっても誰も帰らない状態でした。

あとで聞いたのですが、カナダ人の白人男性とセネガル出身の黒人女性がペアを組んでアニカしていたところ、感情の解放が起こって二人とも泣き出してしまい、近くにいた主催者の方も号泣してしまったそうです。

ワークショップに参加したヨーロッパのヒーラーたちからも、「誰でも簡単にヒーリングができる！」と絶賛されました。言葉を使わないアニカが、日本人以外にも同じように効果があることが確信できました。

海外の方々に初めてアニカを教えてみて感じたのは、彼らは自分のペースを大切にしていて、周囲の人たちのペースも尊重しているということでした。アニカをしている時、シェアをしている時でも、それが相手に対するやさしさにつながっていて、見ていても気持ちがいいものでした。

「空気が読めない」という言葉があるように、とかく日本人は集団全体の方向性に自分が反していると考えると罪悪感を持ってしまいがちです。しかし、その罪悪感は自分らしく生きることの障害にもなるのでストレスを溜めこんだり、ひどい時には無価値観に陥ったり、鬱《うつ》になってしまうこともあります。

「自分のペースで自分らしく生きることが、周囲の人たちの生き方を尊重することにもつながる」という考え方を、ヨーロッパの方々から学ぶことができたのは大きな収穫でした。

過去世のボスキャラ――フィリップ・マクダウェルの出現

そして、パリから帰国後――。自分のルーツが勝手に私の意識に現れることが起き始めました。私はイメージも見えないし、言葉によるメッセージも聞こえないので、ただ頭の中に強い緊張感やグシャグシャした乱雑な感覚が起こるだけです。

それまでは、自分から特定のルーツを感じようとした時に触覚的な感覚が得られて、「アニカする」と消えていったのです。しかし帰国後は、特に意図しないのに勝手に向こうからアニカを求めて、押しかけてくるようになりました。

私は誰が現れたのかよく分からなかったので、アニカの仲間に聞いていました。その頃、アニカマスターコース受講生の特に女性たちの中から、アニカを学んでいるうちにどんどん意識が開いて来て、そうした情報が詳しく分かるようになってきた人が出てきたのです。

最初は、「誰が来たか」、たとえば「母方の高祖母（祖父母の祖母）が来ました」などと教えてくれるだけだったのですが、そのうちにその人の質問に対してルーツが、「はい」、「いいえ」と答えるようになり、次には単語レベルで言っていることが分かるようになり、最終的には話ができるまでになっていきました。

最初に私の両親（父は他界しています）、そして祖父母が現れ、次にはもっと過去に生きた先祖たちが現れてきました。ほとんど、毎日です。まるでアニカでネガティヴを処理されるのを待って行列しているかのように、先祖たちが次から次と私の意識に現れました。中にはひどいネガティヴ感情を持っている先祖もいて、私のルーツアニカを手伝ってくれている方が気持ちが悪くなって、吐いたりしたこともあったほどです。

先祖系のルーツアニカが一段落したところで、今度は私の過去世たちが意識に現れ始めました。その過去世たちの言い分を聞いているうちに、私が今生で抱えている問題、たとえば「分かってもらえない」、「強烈な孤独感」、「理由のない激しい怒り」、「加害者にされる」、「誤解される」などは、すべてこの過去世たちの経験が原因だったということが分かってきました。

まるで、いま生きている私が持っているネガティヴな感情は、過去世たちのネガティヴ感情の集大成のようでした。しかも先祖たちと違って、過去世はある意味、自分自身ですから、自分の感情とほとんど見分けがつかないのです。

過去世も先祖と同じように、ほとんど毎日、何人も次から次と現れるので、彼らのネガティヴな感情をひとつひとつ感じてクリーニングしていきました。そしてある日、過去世の「ボスキャラ」ともいうべき強烈な存在がついに現れたのです！

彼の名前はフィリップ・マクダウェル。

彼はイギリス人の男性で、およそ２００年前、赤ん坊の時にフランスのシナゴーグ（ユダヤ教寺院）で母親に捨てられたのです。私がそれまでに感じた過去世とは比べ物にならないほどの怒りを持っていて、彼は周囲にもかなり迷惑をかけていたようです。私にはよく分からなかったのですが、アニカ仲間からは、性格などは私にそっくりな感じがしたと言われました。

彼、フィリップ・マクダウェルをいやすため、メーリングリストを使って何人ものアニカ仲間が手伝ってくれました。ここでは、その先頭に立ってヒーリングしてくれた谷津絵美子さんの報告をご紹介しましょう。

こーいちろーさんの過去世の方について報告します。

おそらく、婚姻関係にない間柄で授かった命らしく、生まれることを望まれていなかったようです。居心地のいいはずの母の胎内にいる時から苦悩が始まり、胎内で苦しみ、恐怖、不安、哀しみ、無価値観などを味わっています。

日中から私の子宮に入ってもらって、ずっと一緒に過ごしていましたが、昨夜の遠隔では、乳児期、幼児期の途中まで感じました。乳児期では「不安、捨てられた、一人ぼっちで置いていかれた」というのが出てきて、ひたすら抱っこしていましたが、子どもたちに授乳していた頃のことばかり、頭に浮かびました。

幼児期になると、「怒り、空腹、不信感、満たされない」があり、暴れて手がつけられない感じです。しかし、そういうことも途中で終わりました。でも、皆さんに（アニカを）してもらって、構われているのがすごく満足なんだと思います。あとどのくらいかかるか分かりませんが、必ず終わりは来るので、彼が満足するまでお付き合いしようと腹をくくりました。

以前、こーいちろーさんの言動で違和感を持つことがあったのですが、きっとそれは、この方のせいだったのですね。過去世の影響って本当に大きいです……。あっ、それからこの方、日本の方じゃないかもしれないです。ヨーロッパかな？

❇

こーいちろーさん、皆さん、こんにちは。過去世さんの昨日の状況をシェアします。

朝起きてからずっと頭痛がしていて、何か気になるけどそれが分からない感じでした。夕方以降、だんだん頭痛と肩凝りがひどくなり、これは以前によくお墓や古戦場に行った時になった症状と同じだと思いました（その時は、原因不明の高熱が出て浄化して、治るというパターンでした）。

それで、その過去世の方を恨む人々（かなりの数です）がアニカをして欲しいんだなぁと思って、そのことをこーいちろーさんにメールしました。

私は、恨んでいる方々がちょっと怖かったのであまり感じないようにしていましたが、あらゆる悪事が感じられました。その後、アニカでくるんで静まると、一日中体が重くて痛かったのが消えました。

それから、また過去世さんが出てきて、「悲しみ、妬み、怒り、破壊してやりたい、幸せな人・家族がねたましい、私には何もない、奪ってやる」などの感情を感じました。年齢的には20代前半です。

それから、今までしてきたことを後悔、懺悔していました。この方、教会や寺院のような所に捨てられて育ったような印象なのですが、心の救いを得られなくて苦しんできた感じがします。ひとまず終わった形になりましたが、まだ終わってはいません。今朝も起きると両肩が痛くて、存在を感じます。

天涯孤独だったのもあってとてもさびしがっているのですが、どこまで私たちを信じられるのか試しているように思います。

＊

その後の過去世さんのご報告をしますね。一昨日の方は50代くらいでしたが、感じていて感動しました。以下、浮かんできた言葉です。

「自分の背負った運命の意味は何だろうか。何のために私の人生は、始まりから絶望だったのだろうか」

この方、このあとの人生でたくさんの人を救っています。そして、アニカをやることもこの時すでに決まっていたことのようです。過去世さんが、アニカをやることを心に決め、それから多分200年ぐらい経っているのだと思いますが、今やっとそれができる時に来たということを感じました。

今はもうこの方はネガティヴではなく、これからはいつもいて、私たちをサポートしてくれるのだと思います。


結局、この過去世は一週間ぐらい居座りました。過去世のネガティヴは幼児の時に始まり、歳をとっていく過程でのネガティヴ感情が次々と感じられていきました。最終的にいやされて消えていくかと思われたのですが、最後の報告にあるように、今では私たちをまるで用心棒のように守ってくれる力強い味方になってくれています。

自分を捨てた母親を恨み、多くの人に恨まれるようなことをしてきた孤独な過去世が、どうして最後には人を救うようなことができるようになったのでしょう？　きっと彼もまた人生のどこかで誰かに救われたのではないでしょうか。そのことを思うたび、感謝の気持ちと共に涙が止まらなくなります。

この過去世をいやすことで、私のルーツアニカは峠を越えました。その後、今生で過去に体験したさまざまなネガティヴ感情記憶が出てきましたが、先祖や過去世が勝手に意識に現れ、アニカを求めることは全くなくなりました。

初めて先祖のネガティヴ感情記憶を感じてから、約5カ月が経っていました。アニカ仲間からは「こーいちろーさんのネガティヴはとてつもなく強かった」と言われます。しかし、それで今生の私がもうネガティヴな感情を持たなくなったかというと、そんなことはありません。ネガティヴな感情は、決して悪いことばかりではありません。ネガティヴな感情は、私たちの人生をより良くしようとする原動力にもなるのです。私たちは喜びや幸福感のようなポジティヴな感情と同じようにネガティヴな感情を味わうことで、人生をより深い豊かな経験にしているのです。しかも、今回生まれる前の過去世から！

私はこれから、怒りや悲しみなどのネガティヴな感情を潜在意識に溜め込まないように、外側の世界に表現していこうと考えています。

ネガティヴな感情記憶の処理—ピュリファイド（浄化）

こうした私自身の経験にもとづき、ピュリファイド（浄化）認定を始めました。

アニカでは、現実で経験するさまざまな不都合は、心の中にある怒りや悲しみ、罪悪感などのネガティヴな感情の記憶が原因となって引き起こされると考えます。それが簡単になくならないのは、自分に縁のある過去に生きた、たくさんの人たち（ルーツ＝先祖、過去世、ソウルメイト）のネガティヴな感情の記憶が大量に潜在意識に残っているからです。

生きている以上、ネガティヴは発生し続けますが、少なくとも今の自分が自由に生きる妨げとなっているルーツのネガティヴな感情記憶の基本的な部分を処理し、今生での過去のネガティヴな感情記憶もほぼ処理し終えた状態を、アニカでは「ピュリファイド」（浄化）と定義します。

実際には、ピュリファイド認定を受けたあとでも、家族、友人、仕事仲間との間で過去世における隠されたネガティヴ感情が発覚することがあります。しかし、認定後はそのような深いネガティヴでも巻き込まれず、冷静に対処する能力が備わっているので速やかに処理できます。

これまでのセラピーやヒーリングでは、人をいやす技術を教えて、その技術を身につけた人をセラピストやヒーラーとして認定していましたが、私はそれだけでは足りないと考えています。やはりその人自身がきちんといやされていないと、人生におけるさまざまなトラブルを引き寄せてしまうことになるからです。

優秀なセラピストほど、自分のことは脇に置いて他人をいやすことに一生懸命になってしまう傾向があります。しかし、本人がいやされていないのでは、潜在意識に残っているネガティヴな想念が他人に悪影響を与えてしまうかもしれません。実際、私自身もそうだったと思います。

他人のことを何とかしたいという衝動的な思いがある時、それは「自分を何とかしたい」という思いの投影にほかなりません。しかし、それは同時に「自分の見たくない部分は、見たくない」という欲求に従っているから起きることです。

見たくないものを見ないのは自由ですから、別に非難されることではありません。しかしアニカをやる以上、自分は見たくないところを他者の観点から見ることは避けられません。アニカをやる人には、そのことをよく理解してもらう必要があります。そうしたこともあるので、アニカではとにかく自分をいやすことを最優先にしたいと考えています。

２０１６年から、アニカのセラピストやトレーナーになるにはピュリファイド認定が必須になりました。それによって、セラピストやトレーナーの質が上がり、クライアントにも良い影響を与えることができ、アニカ全体としても健全に発展していくでしょう。

また、アニカにピュリファイド認定というゴールができたことで、やりがいも生まれてくるはずです。現在、アニカのメーリングリストではマスターコース受講生たちが、自分の心がどのくらい浄化されているかを判定する「ルーツ浄化チャート」を使いながら、ピュリファイド認定を目指して切磋琢磨しています。たくさんの浄化されたアニカセラピストが全国で活躍することを目標に、がんばっていきたいと考えています。

「ネガティヴ」がいやされると「ポジティヴ」に転化

アニカの考え方とは、次のようなものです。

『私たちが生きている間に経験する不都合は、潜在意識にあるネガティヴな想念が原因で起きている。そのネガティヴな想念は自分のものだけではなく、自分に縁のある先祖や過去世のものが数多くある』

そうした考え方の下、ルーツアニカによって先祖や過去世のネガティヴな想念を処理しているうちに興味深いことが起き始めました。

ルーツアニカをしているうちに、最終的に大きなネガティヴを持つ、まるで「ボスキャラ」のような過去世に出会うことになるのです。このボスキャラ的過去世をいやすのはなかなか大変なことです。しかし、完全にいやすことができると彼はポジティヴに転化して、もう一度、今生の自分と一緒に生きることを決意し、今生の自分を助けてくれるような存在（浄化された過去世）に生まれ変わってくれます。

この浄化過去世はネガティヴも非常に強いのですが、ポジティヴに転化した時には非常に強い力を持って私たちを助けてくれます。そのような存在が、誰にでもいることを発見しました。過去世が過去の物理世界に存在したかどうか実証することはできません。しかし、過去世が潜在意識という情報世界に存在することは確かであり、アニカでは彼らとコミュニケーションをとることが可能になっています。

こうしたネガティヴな過去世をいやす効果は絶大で、結局、過去世は自分なのですから、そのネガティヴが引き寄せていたさまざまな不都合が一掃されます。私のケースを見てもそうですが、人間関係が一変するのです。

私のボスキャラ的過去世は、「誰も自分のことを分かってくれない」という強い孤独感を持った存在でした。その孤独感が実際に、「分かってくれない人」たちを引き寄せていたのです。この過去世の孤独感をいやすことにより、「分かってくれない人」たちは私の前からいなくなっていき、その代わりに私を理解して、助けてくれる人たちがたくさん現れました。それが2015年に私の身に起こったことです。

過去世であろうと今生であろうと、ネガティヴになるということには理由があります。その理由を理解して共感することにより、ネガティヴはいやされ、ポジティヴに転化します。ネガティヴが深ければ深いほど、ポジティヴに転化した時の力も強くなります。

❇
❇
❇

過去のさまざまな出来事から生じたネガティヴな想念は、実際には「人間を進化させる原動力になっている」のではないかとも思えます。過去世のネガティヴをいやすというのは、まるでファンタジーのような話ですが、目に見えない心の世界では、そのようなファンタジーがリアルな感覚を持って感じられます。そして、その心の世界が現実に投影されて、この世界での経験を形作っているのです。

潜在意識という目に見えない広大な世界に住む先祖や過去世をいやすことが、私たちの現実の生活を平和にする、その事実がますますはっきりしてきました。その世界観を伝えていくことが、これからの「アニカの使命」になっていくことでしょう。

エピローグ

ネガティヴ感情は幸福へのエネルギー源に

人生にはさまざまなことがあります。楽しいこと、うれしいことばかりではありません。生きているのがいやになるぐらいつらいこと、苦しいことがたくさんあります。

いやなことを経験したら、そのときだけでおしまいにできればいいのですが、幸か不幸か人間には記憶する能力があります。何十年も前に経験したつらい出来事が思い出されて苦しむこともあるでしょう。

思い出されるのはまだいい方かもしれません。感じることを拒否されたネガティヴな感情が潜在意識に滞留しているせいで、長期にわたって、原因の分からない怒り、悲しみ、罪悪感、無力感、焦燥感、無価値観にさいなまれるようなこともあります。

しかもそのネガティヴな感情は自分のものばかりとは限りません。私たちはひとりで生きているわけではないのです。縁ある人たちと時空を超えて、ひとつの大きな「心」を共有しており、家族や友人、仕事仲間などの身近な人たち、あるいはすでにこの世を去った先祖や過去世たちと無意識のうちに感情の交流が行われています。

そう考えると、私たちが影響を受けているネガティィヴ感情はどれだけあるのか想像もつきません。他人のネガティィヴ感情から悪影響を受けたらたまったものではないので、感じることを拒否することも当然のことだと思います。スピリチュアルな世界では、こうした「悪想念」から身を守る方法がひんぱんに話題にされていますし、満員電車の中でイヤホンで音楽を聴くのも、他人の悪想念を感じないようにするひとつのプロテクト方法です。

しかし私は昔から、そうした「悪想念」を一方的に遮断することに何かしら居心地の悪さを感じていました。なぜかというと、そうした「悪想念」を創り出した人もまた、私たちと同じ人間だからです。彼らもまた私たちと同じようにつらい経験をして苦しんだに違いありません。彼らと縁があるからこそ、彼らの想念は私たちに影響を与えるのです。そのことに意味がないはずがありません。

他人のネガティィヴ感情を浄化していやすことが自分のいやしにもつながる。そのことを悟った私は、ネガティィヴな感情の存在価値についても思いを馳せました。はたしてネガティィヴな感情に価値はあるのでしょうか？

およそ200年前のフランスで母親に捨てられた私の過去世、フィリップ・マクダウェルはこう語っています。

「自分の背負った運命の意味は何だろうか？　何のために私の人生は、始まりから絶望だったのだろうか？」

彼は不幸な出生のせいで強い孤独感と怒りを持ち、さまざまな悪事を働き、多くの人から恨まれました。そんなフィリップも、今この本を書いている私と同じ55歳の時に誰かに救われ、その後の人生は幸せに暮らしたようです。50代後半以降からのネガティヴは感じられません。

そんなフィリップがアニカを構想したというのですから、その生涯を通して彼の心には、「自分を何とかしたい」という強い願いがあったのでしょう。その思いは私も同じです。

200年後にフィリップの未来世である私がアニカを発見し、人が自由に生きることを妨げるネガティヴ感情記憶をクリーニングする活動を始めたのも、元はと言えば彼がとてつもないネガティヴ感情を抱いていたからだと言えます。

私たちの心にある、怒り、悲しみ、さびしさ、妬み、罪悪感、自己否定、無価値観などのネガティヴ感情は時として私たちを打ちのめし、自らを破壊してしまうことさえあります。しかし、もしそうしたネガティヴな感情に存在価値があるとするならば、人間の絶望的な苦しみを克服する道を見出すための強力なモチベーションになりうるということです。

アニカの仲間から、「もしあなたに、分かってもらえないという苦しみがなかったらアニカは生まれなかっただろう」と言われたことがあります。確かに私が何の不自由もなく幸せに暮らしていたら、人の苦しみを克服する方法など考えようともしなかったでしょう。

あきらめさえしなければ、生死を超えて魂のゴールは達成されるのです。

ネガティヴな感情があるからこそ、人間は進化できるのです。ネガティヴな感情は、人を絶対的な幸福へと駆り立てるエネルギー源になりえます。私はそう信じています。

２０１６年５月　東京にて

著者紹介

瀧上 康一郎
Koichiro Takigami

✻

アニカ® 創始者／グランド・マスタートレーナー、Anica Purified（浄化）Master。

1960年1月24日（日）、東京生まれ。大学卒業後、フランス語翻訳者として翻訳会社に勤務。その後、ソフトウェア開発会社でAI（人工知能）エキスパートシステム、通信関連ソフトウェアの開発に携わる。

31歳の時に独立して会社設立。1996年に翻訳支援ソフトを開発し、英国自動車メーカーの全マニュアルの翻訳を受託する。その他、全文検索エンジン、SEOツールなど多数開発。

仕事と並行して、人間の意識についての探求を進め、ヨガ、気功、瞑想などの実践を続ける。

2011年9月、ヴィパッサナー瞑想合宿に参加後、潜在意識のネガティヴな感情記憶を消去する技術を開発。「アニカ」と名づけて施術を開始する。

2012年2月、東京、大阪でアニカ養成コース（現アニカ・アートオブヒーリング® マスターコース）を開講。

2013年3月、南阿蘇村の立野に移住、阿蘇を拠点としてアニカの普及に務める。

2015年4月、9月、フランスのパリでアニカのワークショップを開催し、好評を得る。

2016年4月、熊本地震を被災し、東京に戻る。


アニカ、アニカ・アートオブヒーリング・マスターコースに関する情報は、以下のページをご覧ください。

ANICA The Art of Healing
いやしの技術アニカ
http://www.anica-healing.co.jp

アニカ
いやしの技術

●

2016年6月18日　初版発行

著者／瀧上康一郎

編集／磯貝いさお

装幀・DTP／小粥 桂

発行者／今井博央希

発行所／株式会社ナチュラルスピリット
〒107-0062 東京都港区南青山5-1-10
南青山第一マンションズ602
TEL 03-6450-5938 FAX 03-6450-5978
E-mail: info@naturalspirit.co.jp
ホームページ http://www.naturalspirit.co.jp/

印刷所／シナノ印刷株式会社

ISBN978-4-86451-207-7 C0011